コンピューターを使わない 小学校プログラミング教育

"ルビィのぼうけん" で育む論理的思考

編著・監修

茨城大学 教育学部 准教授　　大阪電気通信大学 工学部 教授
小林祐紀　　**兼宗進**

JN188114

SHOEISHA

はじめに

小林 祐紀
茨城大学教育学部
准教授

みなさん、こんにちは。小林祐紀です。

この本は、小学校におけるプログラミング教育について書かれた本です。

次期学習指導要領が実施される2020年度から、小学校ではプログラミング教育が必修化されます。全国を見渡すと、先行して取組みを始めた自治体・学校がすでに出てきました（例えば、茨城県古河市、佐賀県武雄市など）。私が講演で訪れる自治体などでも、プログラミング教育が話題に上ることが少しずつ増えてきました。

しかし、同時に聞かれるのは、「プログラミング教育っていったい何を教えればいいの？」「教科の中で実施するって聞いたけどどうやって？」などといった現場を支える先生たちからの素直な疑問です。

そんな疑問の声に少しでも応えたいという願いから本書は企画されました。言い換えるならば、プログラミング教育の道しるべになりたいと私たちは願っています。だからこそ、どのような授業が考えられるのか、どのように授業を行えばよいのかがわかるように、本書は具体的な実践例を中心に構成しています。

しかし、本書は一般的なプログラミング教育の本ではありません。タイトル通り、コンピューターを使わない、アンプラグドプログラミング教育についての実践本です。「コンピューターを使わないプログラミング教育って？」と疑問に思う人がいるかもしれませんが、プログラミング教育の目的とされる論理的思考の育成には、いつもコンピューターを使わなければいけないわけではありません。

現に、この本に出てくる事例のすべては、フィンランド出身のプログラマーが初めてプログラミングに触れる子どもたちのために書いた絵本『ルビィのぼうけん』を参考にして実践されました。

プログラミングの考え方に初めて触れる小学生、そしてプログラミング教育を初めて実践する先生たちに、アンプラグドプログラミング教育の可能性をぜひ知っていただきたいと思います。ただし、私たちはアンプラグドプログラミング教育がプログラミング教育の唯一の解（教育方法）ではないことも自覚しています。あくまでもいくつかある教育方法の中の一つです。

本書を通して、皆さんとプログラミング教育の可能性を議論し、そして子どもたちの成熟に少しでも貢献できれば幸いです。

最後になりましたが、本書の企画から携わり、それぞれの立場から貴重な意見を頂いた翔泳社の岩切・片岡・長谷川の三氏に心からお礼を申し上げます。

2017年2月
筆者を代表して

目次

はじめに　小林 祐紀　茨城大学教育学部 准教授 ………………………………………………… 2

2020年学習指導要領改訂と小学校教育　小林 祐紀　茨城大学教育学部 准教授 ……………… 4

プログラミング教育と論理的思考　兼宗 進　大阪電気通信大学工学部 教授 ………………… 8

リンダ・リウカス（『ルビィのぼうけん』作者）からのメッセージ ………………………………… 11

授業の実践例 ………………………………………………………………… 13

第3学年

国語科「心にのこったことを」　藤原 晴佳　古河市立大和田小学校 教諭 …………………… 14

算数科「3けた×2けたの筆算のしかたを考えよう」　坂入 優花　古河市立駒込小学校 教諭 …… 18

算数科「筆算のまちがいを見つけ、正しく直そう」　坂入 優花　古河市立駒込小学校 教諭 ……… 22

算数科「二等辺三角形をかこう」　藤原 晴佳　古河市立大和田小学校 教諭 …………………… 26

理科「身の回りのものを見分けよう」　藤原 晴佳　古河市立大和田小学校 教諭 ……………… 30

音楽科「はくの流れにのってリズム遊びを楽しもう」　坂入 優花　古河市立駒込小学校 教諭 …… 34

第4学年

算数科「いろいろな図形の特徴」　清水 匠　茨城大学教育学部附属小学校 教諭 …………… 38

第5学年

国語科「伝えたいことをしぼろう」　清水 匠　茨城大学教育学部附属小学校 教諭 …………… 42

社会科「日本の気候の特色」　清水 匠　茨城大学教育学部附属小学校 教諭 ………………… 46

算数科「まとまりをみつけて」　清水 匠　茨城大学教育学部附属小学校 教諭 ……………… 50

学級活動「真偽クイズで個性発見！」　清水 匠　茨城大学教育学部附属小学校 教諭 ……… 54

第6学年

外国語活動「Go straight ！」　清水 匠　茨城大学教育学部附属小学校 教諭 ………………… 58

『ルビィのぼうけん』を知る先生たちのメッセージ …………………………………………… 62

著者紹介（編著・監修、実践者／指導案執筆） …………………………………………… 64

コンピュータープログラムに関係する用語 …………………………………………………… 66

2020年学習指導要領改訂と小学校教育

小林 祐紀
茨城大学教育学部
准教授

 ## 小学校におけるプログラミング教育の実施に向けて

　ここでは、次期学習指導要領におけるプログラミング教育の位置づけやプログラミング教育の実施に向けて、私たちはどのようにこのプログラミング教育をとらえればよいのか、また授業の実施のためにはどのような考え方が必要なのかについて論考していきます。

 ## 次期学習指導要領におけるプログラミング教育の位置づけ

　現在、次期学習指導要領の改訂に向けた作業が行われています。予定通りに進めば、小学校においては2020年度から次期学習指導要領が実施されます。そこでは、小学校におけるプログラミング教育が明記され、必修化されることは多くの方が知っている通りです。そして、この小学校におけるプログラミング教育では、プログラミング的思考を育むことが目的とされています。

　プログラミング的思考の定義は以下のように記されています。

> "自分が意図する一連の活動を実現するために、どのような動きの組合せが必要であり、一つ一つの動きに対応した記号を、どのように組み合わせたらいいのか、記号の組合せをどのように改善していけば、より意図した活動に近づくのか、といったことを論理的に考えていく力"
>
> **引用元** 文部科学省2016「小学校段階におけるプログラミング教育の在り方について（議論の取りまとめ）」

　この定義を読んでわかるように、子どもたちをプログラマーに育て上げることが目的ではありません。議論の取りまとめの中では、「コーディング（プログラミング言語を用いた記述方法）を覚えること」が目的では無いとも示されています。したがって、プログラミング教育とは、一言でいえば、子どもたちにプログラミングの考え方にもとづいた論理的思考（logical thinking）を育むことが目的ととらえることができます。このことは、小学校学習指導要領（案）8ページ「コンピュータに意図した処理を行わせるために必要な論理的思考力」という言葉からも確認できます。

　また、小学校段階におけるプログラミング教育では、「身近な生活でコンピュータが活用されていることや、問題の解決には必要な手順があることに気付くこと」を重視するとされています。

　ここまでのことを整理すると、プログラミング教育では、プログラミングの考え方にも

とづいた論理的思考を育むことを目的に行われ、特に身近な生活場面でのコンピューターの活用や問題解決には必要な手順があることに気付かせるような指導が必要だということになります。

さて、読者のみなさんは2020年度から始まる小学校におけるプログラミング教育の目的や重視する内容について、どのように感じられたでしょうか。肯定的にとらえた人、否定的にとらえた人、まだまだ熟慮中の人、いろいろな人がいると思います。そして、小学校の先生や小学校教育に関心のある人であればこうも思ったはずです。

「いったいどの教科でどんな内容をやればいいの？」

そのもっとも気になることについては、次のように書かれています。

"具体的には、各小学校において、各学校における子供の姿や学校教育目標、環境整備 や指導体制の実情等に応じて、教育課程全体を見渡し、プログラミング教育を行う単元を位置付けていく学年や教科等を決め、地域等との連携体制を整えながら指導内容を計画・実施していくことが求められる。"

引用元 文部科学省2016「幼稚園、小学校、中学校、高等学校及び特別支援学校の学習指導要領等の改善及び必要な方策等について（答申）」91頁.

そうです。つまり、新しい教科を立てることはせず（そりゃそうです。今あるものを減らさない限りこれ以上は無理です）、どの学年のどの教科に位置づけられるのか、それぞれの学校で考えてほしい！ということなのです。「そんなこと困ります」という声が全国各地から聞こえてきそうですが事実です。

また、指導する際の留意点について、以下のように書かれています。

"いずれの教科等においても、プログラミング教育が各教科等における学習上の必要性に支えられながら無理なく確実に実施され、子供たちに必要な資質・能力が育成されるようにしていくことが求められる。"

引用元 文部科学省2016「幼稚園、小学校、中学校、高等学校及び特別支援学校の学習指導要領等の改善及び必要な方策等について（答申）」91頁.

いよいよ難しくなってきました。教科学習における必然性を大事にしながら、プログラミングの考え方にもとづいた論理的思考を育む授業を実施していかなければならないのです。安易に世にあるプログラミング教材を使ってしまうと、教科学習の必然性を見出すことは確かに難しくなりそうです。

プログラミング教育の実施に向けて私たちが考えるべきこと

　それでは、プログラミングの考え方にもとづいた論理的思考を育むために、私たちが行うべきことは何でしょうか。

　私は3つあると考えています。

　1つめは、教科学習の中の論理的思考の場面を見出すことです。このことを放送大学中川一史教授は、講演の中で「教科学習を掘り起こす作業」と述べています[*1]。

　本書で示す実践事例に見られるように、教科学習の中には、さまざまな論理的思考を必要とする学習場面がすでに存在しています。例えば、問題解決に必要な手順という考え方は、算数の筆算のしかたを考える学習、三角形の書き方を理解する学習などに見出すことができます。また、筆算の間違いを見つけ正しい解答を考える学習では、手順を見直し、修正したり加筆したりすることで、問題解決に至ることを子どもたちは学びます。

本書22ページ、坂入教諭のデバッグの考えを取り入れた実践より。

　このような学習場面を見出すことは、教材研究の営みそのものです。ただこれまでと少し異なるのは、論理的思考により焦点化し、身近な生活とコンピューターとのつながりを見出すということです。そしてこのとき、アンプラグド（コンピューターを使わない）プログラミング教育は実践のハードルをぐっと下げてくれるはずです。議論の取りまとめの中でもアンプラグドプログラミング教育の可能性について言及されています。

　2つめは、論理的思考を育むための「種まきをする」ことです。一度の授業で、論理的思考が身につくわけではありません。身近な生活とコンピューターとのつながりを意識できるわけではありません。手を替え品を替え、さまざまな学年、さまざまな教科で実践していくことが重要です。コンピューターやタブレットを使ったプログラミング教育を何度も実施することは難しいかもしれませんが、アンプラグドなら何度もできます。これまでに確認したように、論理的思考は教科学習の中で多く見られるからです。

　らせん状にさまざまな学年・さまざまな教科で何度も繰り返すうちに、論理的思考は、子ども自身に納得感をもって理解されていきます。そして、身近な生活とコンピューターとのつながりへと関心が広がっていくと考えています。もちろんすぐに学力向上といった結果はでませんが、教科学習という畑を掘り起こし、種まきをすることで、いつか大きな花を咲かせてくれると信じています。

　最後の3つめは、種まきのトライアングルを意識することです。本書で示すアンプラグドプログラミング教育はプログラミング教育の特効薬でもなければ、唯一の解でもありません。あくまでもいくつかある選択肢の内の1つです。だからこそ、コンピューターやタブレット端末を活用したプログラミング教育などとのつながりを意識することが大切です。

[*1] 2017年1月24日「第6回沖縄離島シンポジウム」クロージングセッションより。

例えば、「総合的な学習の時間などで十分な時間をかけて体験したプログラミング」と「アンプラグドプログラミング教育を取り入れた教科学習」のつながりでは、能力の系統性を意識することができます。「総合の時間でプログラムを組んだときも、こうやって指示を順序通りに並べていったね。今日の算数の筆算の手順もいっしょだね」という感じです。あるいは、「算数の時間に使った手順の考え方を生かして、今日はロボットを思い通りに動かせるようにしてみましょう」となることも考えられます。

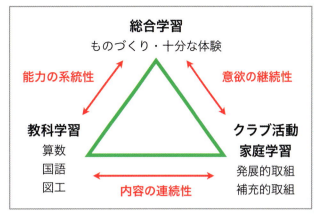

種まきのトライアングル

また、「アンプラグドプログラミング教育を取り入れた教科学習」と「家庭学習」では、内容の連続性を意識することができます。算数で学んだ学習内容について、家庭学習では補充的に計算ドリルに取り組むという感覚です。家庭にあるコンピューターやタブレット端末や先生が用意したプリントなどを活用し、学習した考え方を使って問題を解くことが考えられます。さらに、「家庭学習・クラブ活動」ともに、ロボットの製作など、より発展的なプログラミングを行うことも考えられます。

最後に、「総合的な学習の時間」と「家庭学習・クラブ活動」のつながりの際には、意欲の継続性というつながりが考えられます。限られた教科学習の授業時間内では、プログラミングを通してものづくりを行ったり、十分な操作体験を保障したりすることはできません。だからこそ、十分な時間が保障しやすいこれらの学習を通して、プログラミングに対する意欲が高まります。高い意欲を持った子どもの中には、ハイレベルなプログラムを完成させる子が出てくるかもしれません。また、意欲を持って教科学習に臨むようになれば、学習効果もより期待できます。

もちろん示したつながりは一例です。このトライアングルを各学校の取組みの参考にしていただければ幸いです。

プログラミング的思考は、将来どのような職業に就くとしても、時代を超えて普遍的に求められるとされています。また、プログラミング教育の実施においても、主体的・対話的で深い学びに資することが重要だとされています。

> プログラミング教育という言葉だけが1人歩きし、ロボットづくりやキャラクターを動かすことだけに終始することが決して無いように、留意していくことが求められます。しかし、同時に子どもたちが純粋に楽しい！なるほど！へえー！と感じられる授業を創っていくことも大事にしたいものです。

プログラミング教育と論理的思考

兼宗 進
大阪電気通信大学
工学部 教授

 初等教育でのプログラミングの必要性

　身の回りの電子機器は、ほぼすべてがコンピューターで動くようになりました。特に子どもたちが強い関心を持つゲーム機やタブレット、スマートフォンなどの中身は、画面がついたコンピューターです。

　大人を含めた生活でも、連絡手段は電話に加えてメールやSNSが広く使われるようになりました。情報もインターネットから多くを得るようになっており、文書作成も手書きだけで仕事をすることは難しくなっています。今後、人工知能技術の発達により、コンピューターによる自動化が加速され、生活の中でコンピューターの普及がさらに進んでいくことが予想されています。コンピューターが生活の中で重要度を増すにつれて、その性質を理解することの重要性が高まっています。

　コンピューターは、ソフトウェアやアプリケーションという形で人に合わせた使いやすさを提供しています。しかし内部は機械ですから、人間の考え方とは違った仕組みで動いています。コンピューターはプログラムで動いていますので、コンピューターの性質や仕組みを理解するためには、プログラミングを体験することが早道です。プログラミングを体験することでコンピューターの性質はすぐに理解できますが、プログラミングをまったく体験せずにコンピューターの性質を理解することは容易ではありません。

　コンピューターの性質はプログラミングだけで理解できるものではありませんが、小学校段階では本書のように「プログラミングの考え方」を授業の中で体験し、その後でコンピューター科学の考え方に触れたり、実際にプログラムを書いてみる体験をすることで、中学校や高校以降につながる有意義な学習が可能になると考えています。

 プログラミングと論理的思考

　プログラミングは、中学校と高校においては技術や情報に関する教科で学習しますが、小学校では特別な教科を作らずに、各教科の中で扱うことになりました。どのような教科で扱っていくかを学校や先生方が判断する形です。

　教科の中でプログラミングを扱うときは、授業の目標はプログラミングを学ぶことではなく、教科の内容を学ぶことになります。これは授業の中にプログラミングを取り入れるときの大きなヒントになります。本書で紹介されているように、プログラミングの考え方を取り入れることで、子どもたちが授業の中で教科の学びを深めることができ、教科の内容を整理したり筋道を立てて考えるための方法を体験することができるからです。「プログラミングの考え方を授業の中で利用する」学習を通して、自然と子どもたちが「プログラミングの考え方を学び、活用できる」ようになっていく。それが教科の中でプログラミン

グを活用する秘訣かもしれません。

　プログラミングを通して学べることの一つに論理的思考力が挙げられることがあります。コンピューターはどのように動けばよいかという指示をプログラムという形で人間から受け取り、そのとおりに動作します。伝える指示が曖昧だったり情報が不足していると正しく動いてくれません。このような性質をうまく利用すると、「プログラミング的な考え方をすることで、ものごとを整理して簡潔に考えられるようになる」ことにつなげられるかもしれません。

　ただし、論理的思考力という言葉はそれ自体が幅広い意味を含みます。プログラミングによって学べる論理的思考力についても、どんな能力がどんな活動によって養われるのかを整理する必要がありそうです。本書で扱われた授業事例の中では、たとえばこのようなものがありました。

- 計算や作業を手順に分けて順序立てる「シーケンス」の考え方
- 手順のまとまりを繰り返して実行する「ループ」の考え方
- 条件によって作業を切り替える「分岐」の考え方
- ものごとをYes/Noの組み合わせで考える「真偽値」の考え方
- ものごとの性質や手順のまとまりに名前を付ける「抽象化」の考え方

　その他にも、「最初から完璧なものを作らなくても、少しずつ実行して直しながら完成させていけばよい」というデバッグの考え方も体験することができました。コンピューターを使うと、文書やプログラムを何度も修正しながら作成していくことが容易に行えます。このようなコンピューターの性質を理解して、適切に活用することも貴重な体験です。

ルビィのぼうけんとアンプラグド

　『ルビィのぼうけん』はフィンランドのプログラマーであるリンダ・リウカスさんがプログラミングの楽しさを伝えるために執筆し、日本のプログラマーである鳥井雪さんが素敵な日本語に翻訳してくれた書籍です。前半は読み物（物語）になっていて、後半はやってみる（アクティビティ）という構成です。本書は後半のアクティビティを授業で活用した事例になっています。

　書籍のタイトルにもなったRubyは、プログラマーのまつもとゆきひろさんによって日本で開発されて世界中で使われているプログラミング言語です。Rubyでは順次（シーケンス）、分岐、反復（ループ）などの処理の流れを記述できるほかに、オブジェクト指向の考え方を取り入れることでデータや手順をオブジェクトや関数の形でわかりやすく整理して扱えるように工夫されています。オブジェクト指向では、データとその性質をオブジェクトと呼び、ひとまとまりで扱います。本書の「伝えたいことをしぼろう」の授業では、オ

ブジェクトの考え方を使って登場人物の特徴を表す性質を表現しました。このようなオブジェクト指向の考え方は、Rubyのような開発用の言語のほかに、筆者の開発した教育用言語のドリトル[*1]でも採用されており、本書で紹介されている考え方が、教育用に意味があると同時に、汎用的で実用性が高いものであることがわかります。

　コンピューターの仕組みを理解するためには、手を動かす「作業」を止めて、じっくり「考える」ことも必要です。このような考え方から、ニュージーランドのティム・ベル博士によって、コンピューターサイエンスアンプラグド[*2]と呼ばれる、コンピューターを使わずに紙やカードなどの教具を利用してコンピューターの科学を学ぶ教育法が提案され、世界中で利用されています。プログラミングとコンピューター科学はコンピューターの仕組みを理解するための両輪で、どちらも欠かすことはできません。

　本書ではルビィのぼうけんのアクティビティを題材に、コンピューターを使わずにプログラミングの考え方を体験できる授業を紹介しています。もちろん、コンピューターを使う体験は大切であり、コンピューターでプログラミングを行う体験も大切です。本書ではそれらに加えて、いちどコンピューターを離れてみる形で、授業の中でプログラミングの考え方をじっくり考えたり、グループで議論しながら考えることのできる授業例を紹介しました。今後のプログラミング教育の参考になることを願っています。

＊1　教育用プログラミング言語「ドリトル」http://dolittle.eplang.jp
＊2　コンピューターサイエンスアンプラグド http://csunplugged.jp/

リンダ・リウカス(『ルビィのぼうけん』作者)からのメッセージ

先生がたへ

プログラミングの、魔法の世界へようこそ。これからルビィや仲間たちと一緒に、大きな問題を小さな問題に分解すること、繰り返し、条件分岐(場合分け)などを学んでいくことになります。加えて、ねばり強さや創造性、そして協調性も。未来のプログラマーには、どれも必要なスキルと体験です。
先生がたにいちばん大切にしていただきたいことは、子どもたちの好奇心を刺激することです。人生の早い時期のプログラミングとテクノロジーの体験は、成長するにつれて、その姿勢に大きく影響していきます。ですから、小さな子たちにとってのプログラミングを、楽しく、創造性豊かに、ワクワクする体験にしましょう!

リンダ

Dear teachers,

You're about to take your first step into the magical world of programming. With Ruby and her friends, you'll learn about decomposition, looping and conditionals, but also about persistency, creativity and collaboration. All skills and practices needed for any future programmer.
The most important thing you can do as a teacher, is spark the curiosity of the child. The early experiences we have with programming and technology influence our attitudes growing up - so let's be sure to make programming fun, creative and exciting for the little ones!

Linda

授業の実践例

第3学年

国語科	「心にのこったことを」	藤原 晴佳	古河市立大和田小学校 教諭
算数科	「3けた×2けたの筆算のしかたを考えよう」	坂入 優花	古河市立駒込小学校 教諭
算数科	「筆算のまちがいを見つけ、正しく直そう」	坂入 優花	古河市立駒込小学校 教諭
算数科	「二等辺三角形をかこう」	藤原 晴佳	古河市立大和田小学校 教諭
理科	「身の回りのものを見分けよう」	藤原 晴佳	古河市立大和田小学校 教諭
音楽科	「はくの流れにのってリズム遊びを楽しもう」	坂入 優花	古河市立駒込小学校 教諭

第4学年

算数科	「いろいろな図形の特徴」	清水 匠	茨城大学教育学部附属小学校 教諭

第5学年

国語科	「伝えたいことをしぼろう」	清水 匠	茨城大学教育学部附属小学校 教諭
社会科	「日本の気候の特色」	清水 匠	茨城大学教育学部附属小学校 教諭
算数科	「まとまりをみつけて」	清水 匠	茨城大学教育学部附属小学校 教諭
学級活動	「真偽クイズで個性発見！」	清水 匠	茨城大学教育学部附属小学校 教諭

第6学年

外国語活動	「Go straight ！」	清水 匠	茨城大学教育学部附属小学校 教諭

第3学年　国語科

心にのこったことを

藤原 晴佳
古河市立大和田小学校
教諭

教科目標	伝えたいことの中心を決めて組み立てを考え、心に残った出来事を伝える文章を書くことができる
育てたいプログラミングの考え方	伝えたい話の中心を決めて、文章の組み立て（順序）を考えることができる
対応するアクティビティ	1. ルビィってどんな子？ れんしゅう1　シーケンス（順番に並んだ命令）

単元構成「心にのこったことを」	
第1次	教科書の読み取りを行い、学習課題を確かめる
第2次	心に残った出来事を伝える文章を書く（本時）
第3次	発表を行い、振り返る

実践の概要

　本実践は、思い出に残った出来事の中心を決めて、文を組み立てる学習である。まず、話の題材を決めて思い出に残っている出来事をノートに書き出す。次に、その中から話したいことの中心を1つに絞っていく。そして、話の中心から、さらに出来事の内容を詳しく書くために、したことや見たこと、聞いたこと、思ったことを1つずつカードに書いていく活動を行った。また、相手に伝わるようにシーケンスの考え方を生かすことで、相手にも伝わるように順序よく並べかえ、単元のゴールである「心に残った出来事を伝える文章を書くこと」につなげていった。

準備物・ワークシート

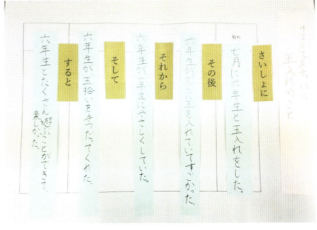

⬆ シーケンスを書くホワイトボード。身近な課題で取り組むことにより、簡単に順序を考えることができた。

⬆ 出来事を順序よく書くために使用したワークシート。
また、題材カードに出来事を箇条書きし、文章に直す手立てとして、つなぎ言葉のカードを付け足した。

授業の流れ

本時の展開	指導上の留意点 ◉論理的思考にかかわる働きかけ
❶ 本時の課題をつかむ。 出来事を伝えるための文章の組み立てを考えよう。 (1) 前時までに書いた話の題材カードから、一番伝えたいことを選ぶ。 ・おもちを作ったことを伝えたいね	●本時のめあてを確認し、学習の見通しを立てる。 ●前時までに書いた、伝えたい出来事についてのカードを用いることで、自分の伝えたい題材をすぐに選べるようにする。 ●書き足せるように予備のカードを用意しておき、随時使えるようにしておく。
❷ シーケンスの考え方を用いて、文章の組み立てを考える。 (1) 『ルビィのぼうけん』P.71を使い、身近な課題「朝ごはんを食べる」について正しい順序で書くことで、シーケンスの考え方を確認する。 ・おはしを持たないと食べられないね	●グループごとに、行動の順序を考えホワイトボードに書いていく。 ◉正しい順序で並んでいるのか、実際に体を動かしながらシーケンスの確認を行う。
(2) 伝えたいことをカードに書き出し、順序よく並べかえる。 ・話がつながるように順序を入れかえてみようかな ・「始め」にくるカードは何にしようかな ●書くときに気をつけること 　始め　・いつ、どこで、だれと、どんなことをした 　中　　・出来事のようすやその時のきもち　　・したこと、見たこと、聞いたこと 　終わり・話したことやそのときに感じたこと	◉シーケンスの考え方を生かすことで、順序に意識してカードを並べかえることができるよう声かけしていく。
(3) 友達と並べたカードを読み合う。 ・「おわんを使って、もち米のごはんを丸めた」のカードでは、どうやって作ったのか知りたいな	●友達と意見を伝え合うことで、相手意識や目的意識をもたせたい。 ●友達に知りたいことを質問してもらうことで、言葉を付け足したり、修正したりできるようにする。
❸ つくったシーケンスにつなぎ言葉を付け足して文章を仕上げ、本時のまとめを行う。 (1) 文章にしていくためのつなぎ言葉カードを付け足していく。 ・一番始めは「さいしょに」のカードだね	●つなぎ言葉のカードを加えていくことで、文章に書く活動につなげていけるようにする。
(2) 振り返りをノートに書き、発表する。 ・文章にする前に組み立てを考えることができたよ ・順序を間違えると正しく伝わらないね	●文章の良し悪しではなく、本時の中心である、伝えたいことが順序よく並んでいるかに焦点をあてて振り返りができるよう留意する。 ◉カードを順序よく並べることで、より相手にも伝わりやすくなることに気付かせていく。

授業のポイント

1 シーケンスを体験的に理解するための導入

シーケンスは、生活の中でたくさん応用されていることから、児童に身近な場面を設定し、それを解決するための順序を考える活動を行った。そして、1つ1つ動いて確認することで、細かい言葉が抜けていたり、手順があやまっていたりすることに気付くことができた。また、考えたシーケンスを友達に伝え、命令が伝わる良さを体験することができた。

1 歯みがきをする時の行動を考え、ホワイトボードに記す。

2 シーケンスを生かして文章の組み立てを考える活動

出来事の中心を決めた後、詳しく思い出してカードを書く活動を行った。出来事を詳しく書くことと、順序よく並べかえることを関連づけるため「始め・中・終わり」の構成でカードを並べた。また、友達に文章の組み立てを伝えることで、順序が合っているか、文章がつながっているか確認することができた。シーケンスの考え方を用いることで、順序が違っていても、どこが間違っているかが瞬時に分かり、修正することができた。

2 カードに出来事の詳しい情報を書き、順序よく並べかえる。

3 シーケンスをもとに文章化するための「つなぎ言葉」

シーケンスを文章化するために、まず出来事を書いたカードを順序よく並べて話がつながるようにした。友達からアドバイスをもらい、カードに情報（話し言葉や気持ちなど）を付け足すなどし、文章の流れを考えた。そして、出来事を書き出したカードの上に「それから」や「すると」などのつなぎ言葉を選んで並べていくことで、段落のつながりを意識して文章化することができた。

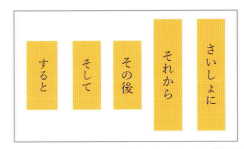

3 文章に書くために、題材カードの上につなぎ言葉カードを追加した。

授業実施における留意点

シーケンスを用いることで順序が分かりやすくなること、間違いを発見しやすくなることなどに気付かせた。例として、料理を作る際に順序よく作れば完成し、失敗した時には何が抜けているか間違っている可能性を考えるという体験談を伝えた。また、実際にプログラミングを体験することで、コンピューターに指示するときには、順序よく命令を出さなければロボットが動かないということについて、理解が深まったようだ。

板書例

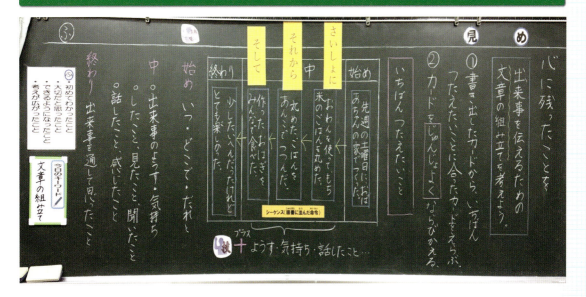

児童の振り返り

今までは、作文の中に何を書けばいいかわからなかったけれど、出来事をじゅんじょよくならべていけば、かんたんに人に伝わる文が書けることがわかりました。

自分で考えた文章の組み立てを、友だちに伝えてみると、伝わらないところがありました。でも、伝わらなかったところを読み返すと、じゅんじょがちがっていたことに気づきました。

じゅんじょよくならんだ命れいのことを「シーケンス」とよぶということを知りました。私たちの生活の中にシーケンスはたくさんあるということもわかりました。

文章を書くことが苦手でしたが、出来事を思い出してカードに書き、ならべることで文章をかんたんに組み立てられることを知りました。これからも、シーケンスを使って文章を書いていきたいです。

専門家のコメント

- **茨城大学教育学部准教授　小林祐紀**

「シーケンス（順序）」の考え方を取り入れた藤原先生の実践は、児童が情報をカードに書き出し、具体的操作を通して文章を組み立てていることに特徴があります。そして、並べたカードに対して、文章化するためのつなぎ言葉カードを用意しています。この手立てによって、児童は順序をより意識することができるようになったはずです。文章を書く学習においても、シーケンスの考え方を理解できることを示した実践といえます。

- **大阪電気通信大学工学部教授　兼宗 進**

プログラムでは、目的の処理を行う前に、プログラムの中でどのような変数を使用するかといった初期処理の情報を定義することがあります。たとえば変数の名前や、それが数値を扱う変数なのか、それとも文字を扱う変数なのかといった情報です。この授業では、文章の最初に初期処理に相当する内容を記述し、最後に終了処理に相当する内容を記述することで、文章の構成を明確にする工夫を伝えています。

第3学年　国語科　心にのこったことを　**17**

第3学年　算数科

3けた×2けたの筆算のしかたを考えよう

坂入 優花
古河市立駒込小学校
教諭

教科目標	3位数×2位数の乗法の計算の原理や方法を理解し、筆算で計算することができる
育てたいプログラミングの考え方	何を、どの順番でやるのか、正しい順序でシーケンスを構成する
対応するアクティビティ	1．ルビィってどんな子？ れんしゅう1　シーケンス（順番に並んだ命令）

単元構成「かけ算の筆算をもっと考えよう」

第1次	何十をかける計算
第2次	2けたの数をかける計算（本時）
第3次	計算のくふう
第4次	まとめの練習

実践の概要

　この単元では、児童が初めて、かける数が2桁のかけ算の筆算を学習する。かける数が1桁の時と比べて筆算のしかたが大幅に変わるためつまずきやすい。そこで、「かけ算の筆算シーケンス」を作成し、筆算の手順を1つ1つ明確にしながら学習を進める中で、筆算の方法を確実に習得させることをねらいとした。本時では、3桁×2桁の筆算の方法を学習した。前時と比べて手順がいくつか増えることに気付かせるため、シーケンスの短冊の色を変える工夫を取り入れ、理解を深められるようにした。

準備物・ワークシート

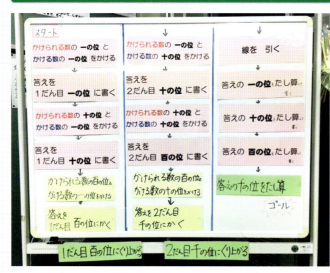

⬆ ホワイトボードに筆算の手順を並べる。式の中の数字の桁が増えると手順も増えるため、短冊を色分けした。（2桁×2桁はピンク、くり上がりがある時は緑、3桁×2桁は黄色）本時は黄色の手順が増えた。

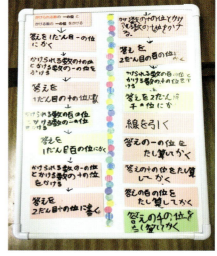

⬆ ペアで1枚ミニホワイトボードを使い、自分たちの手でかけ算の筆算シーケンスボードを作成。短冊は裏側に磁石をつけて並べ替えが可能に。シーケンスボードは、単元の間は常に手元に置き、すぐに手順を確認できるようにした。

授業の流れ

本時の展開	指導上の留意点 ◎論理的思考にかかわる働きかけ
1 本時の課題をつかむ。 (1) 前時までに作った筆算のシーケンスを確認する。 ・筆算で解く手順をまとめたね	●前時までに整理したかけ算の筆算に関するシーケンスを確認することで、本時の学習にスムーズに取り組めるようにする。
(2) 本時の課題をつかむ。 　214×33の計算のしかたを考えよう。 ・かけられる数が3けたになっているよ	●前時にやったかけ算の計算との違いを考えさせることで、手順の違いに気付きやすくする。
2 問題の解き方を考える。 (1) 前時までにまとめた筆算のシーケンスを使って計算してみる。 ・百の位の計算が足りないね	●前時までにまとめたシーケンスを掲示したり、手元にシーケンスを並べたホワイトボードを置いておいたりすることで、すぐに見返せるようにする。
(2) 不足している手順を考える。 ・「かけられる数の百の位とかける数の一の位をかける」が足りないね ・百の位とのかけ算の答えはどこに書いたらいいのかな	◎前時までのシーケンスに合わせて問題を解くと、「百の位×〇の計算をする」という手順が足りないので付け足し、正しく直すデバッグの考え方にも触れる。
3 3けた×2けたの筆算の手順を整理する。 (1) 修正したシーケンスを確認し、再度問題を解く。	●ミニホワイトボードを使って、筆算の手順を並べることで、視覚的な理解を促す。
(2) 同じ手順で別の問題も解けるか確認する。 ・167×45	◎3けた×2けたの計算は、どんな問題でもこの手順で解けるのか、同じ条件で、数字が異なる問題を解くことで確認させる。
4 本時の学習をまとめる。 (1) 教科のまとめ。 　かけられる数が3けたになったら、 　十の位×〇の後に百の位×〇の計算をする。	●教科の目標と育てたいプログラミングの考え方の育成の両立を図るため、まとめも2つに分けて書くことで、両方の理解度を確かめる。
(2) 育てたいプログラミングの考え方のまとめ。 ・3けた×2けたの筆算は、手順が4つ増えた ・シーケンスを伝えるときは、相手が手順をやり終わってから次の手順を伝える	
(3) ペアで解き方を伝え合いながら適用問題を解く。 　①119×78　　②243×34	◎指示通りに作業するコンピューターを感じ取らせていくため、ペアの友達と問題を出し合い、シーケンスを伝えて指示通りに解く活動を行う。

授業のポイント

1 不足している手順・余計な手順を考える活動

式の中の数の桁数が変わると、手順が増えたり減ったりする。そこで、実際に問題を解きながら、新たに付け足す手順は何か、必要のない手順はどれか、を考えさせた。そのため、短冊1枚1枚に磁石をつけることで、必要に応じて手順を並べ替えたり増やしたりすることができるようにした。この活動を通して、桁数が増えると計算の手順も増えることを視覚的に認識することができた。

1　3桁×2桁の筆算に必要な手順はどれか、並べ替えたり増やしたりする。

2 色分けされた手順

前時までに学習した2桁×2桁のシーケンス（ピンク色の短冊を並べたもの）を使って本時の3桁×2桁の問題を解いていくと、足りない手順が出てきた。そこで、新しく必要な手順は色の違う短冊（黄色）に書き、シーケンスに付け足した。こうすることで、どの部分に手順を付け足したか一目で分かり、実際に計算する際にも、どの部分で手順が増えるのか理解できた。

2　色の違う短冊を使うことで、どの手順が増えたか視覚的に理解できる。

3 児童の手元にも残るシーケンス

児童は、ペアで1枚のミニホワイトボードを使ってシーケンスを作った。このシーケンスが児童1人1人の手元にも残るよう、ノートにもシーケンスを作成した。そうすることで、授業中だけでなく家庭学習などの際にも、ノートを見て、手順を見直したり、間違えた問題はどの部分がおかしかったのか自分で振り返ったりすることができるようになった。

3　付箋を使い、自分のノートにも手順を並べる。色分けはホワイトボードと同じように。

授業実施における留意点

適用練習の際、ペアの友達に問題の解き方を指示する活動を取り入れた。慣れてくるとスラスラ読み上げ、相手が途中でつまずいても先に進んでしまう児童がいた。そこで、電子レンジを例に「温め終わっていないのに、ボタンを押しても、温め終わるまで次の動作にいかないよね」と伝えた。1つの手順が終わってから次の指示を出すことを理解し、相手の様子を見ながら指示を出すようになった。

板書例

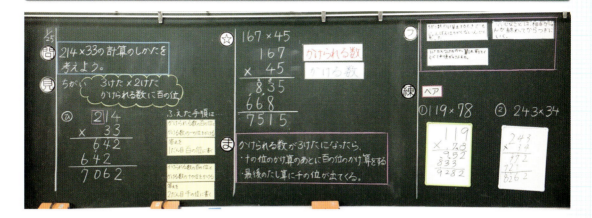

児童の振り返り

かけられる数が3けたになったら、千の位が出てきました。2けた×2けたのやり方ではできなかったので、手じゅんをつけたしました。友だちにつたえるのに大事なことは、手じゅんが終わるのを待ってから次の手じゅんに行くことと、はっきりつたえることです。

最初（2けた×2けた）に作ったシーケンスとくらべて、手じゅんが4つふえた。手じゅんをならべると、どんな数の計算でも使える。シーケンスを相手に言う時は、相手が終わってから次の手じゅんを言う。

かけられる数が3けたになったら、十の位のかけ算のあとに百の位のかけ算をする。2けた×2けたで筆算をやったときとやることがちがうから気をつける。シーケンスは、ささっと読むのではなく、相手がやってから次の手じゅんを読む。

かけられる数が3けたになったら、十の位のあとにかならず百の位のかけ算をする。式の中の数が2けた、3けたとふえていくとシーケンスもふえていくことや、相手が終わるまえに次のしれいを出すとごちゃごちゃになってしまうことがわかった。

専門家のコメント

- **茨城大学教育学部准教授　小林祐紀**

「シーケンス（順序）」の考え方を取り入れた坂入先生の実践は、筆算の手順を短冊に書き出し、動かしたり増やしたりする活動を通して、順序立てて考えることを実感させていることに特徴があります。手順が正しければ、目標達成につながることを児童は実感したはずです。また、前時との違いから手順をペアで考えたり、互いに指示した手順通りに解く活動を取り入れたりして、主体的・対話的な学びの実現を意図した手立てが随所に見られる実践といえます。

- **大阪電気通信大学工学部教授　兼宗 進**

プログラムでは、コンピューターに行ってほしい処理を曖昧さがないように命令で記述します。授業の中で児童に作業の手順を意識させることは、将来実際のプログラムを書くためのよい準備になります。この授業では、計算の手順を付箋紙に書き出すことで処理に順番があることを学び、それを同級生に伝えることで曖昧さがないように明確に命令を記述することの大切さを学んでいます。

第3学年　算数科

筆算のまちがいを見つけ、正しく直そう

坂入 優花
古河市立駒込小学校
教諭

教科目標	2位数をかける計算の原理を理解し、筆算を正しく用いて問題を解決することができる
育てたいプログラミングの考え方	間違い（バグ）を見つけ、正しい順序に直す
対応するアクティビティ	9. こまったこと れんしゅう20　デバッグ（バグつぶし）

単元構成「かけ算の筆算をもっと考えよう」	
第1次	何十をかける計算
第2次	2けたの数をかける計算
第3次	計算のくふう
第4次	まとめの練習（本時）

実践の概要

　算数科の学習において、問題を解く際には必ず解くための手順（シーケンス）がある。その手順が抜けたり、間違っていたりしたら、答えももちろん違ってしまう。当たり前のことだが、児童たちはなかなかそれを意識する機会がない。そこで本実践では、実生活に基づいた体験をもとに、手順と見比べながら計算の間違いを見つけ、正しく直す（デバッグ）学習活動を行い、正しい手順で問題を解くことの必要性を児童に感じさせていった。

準備物・ワークシート

↑ペアで作成したシーケンスボード。筆算の種類によって手順が色分けしてある。

↑デバッグの考え方を理解するために、給食セットや紙コップ、皿などを使って、れんしゅう20と同じ手順を体験する。

→間違っている筆算を載せたワークシート。右の空欄に自分で筆算をして、隣と見比べながら間違いを見つける。「まちがいポイント」の欄では、間違っている手順やポイントを一言で表す。

22

授業の流れ

本時の展開	指導上の留意点 ◉論理的思考にかかわる働きかけ
❶ 本時のめあてをつかむ。 (1) 『ルビィのぼうけん』P.104 を見て、手順の間違いを考える。 　・手順に抜けがないか、順序は大丈夫か確認することが大切なんだね	◉正しく作業が行えない場合には、手順に抜けがないか、順序が間違っていないか、判定が間違っていないかといったポイントでシーケンスを見直すことで、正しいシーケンスに修正できるデバッグの良さを感じ取らせていく。
(2) 本時のめあてをつかむ。 　　筆算のまちがいを見つけよう。	●前時にやったかけ算の計算との違いを考えさせることで、手順の違いに気付きやすくする。
❷ 筆算の間違いを見つけて、前時までにまとめたシーケンスのどこが違っているか考える。 (1) 自分で計算してみる。	◉手順が間違っている筆算を2種類提示し、それぞれのどの部分が間違っているか、どうすれば正しい答えになるか考えさせる。 ●児童のつまずきが多かった計算を取り上げ、どのようにしたら間違えずに計算できるのか、デバッグの考え方から本時の課題に迫りたい。
(2) 筆算とシーケンスを見比べて、どの部分が間違っているか見つける。	◉前時までのノートを見て、どのような順序で筆算をするか確認しながら考える。
(3) 間違っている部分と、正しい計算の手順をペアで説明し合う。	◉手順を説明する活動を通して、正しい手順でできているか相互に確認できるようにする。
(4) 全体で確認する。 ・位をずらして書いていない筆算 $$\begin{array}{r} 51 \\ \times\,28 \\ \hline 408 \\ 102 \\ \hline 510 \end{array}$$ ・位取りを誤っている筆算 $$\begin{array}{r} 208 \\ \times\,24 \\ \hline 8032 \\ 4016 \\ \hline 48192 \end{array}$$	●適宜ペアでの学習や全体での確認などを行うことで、みんなでポイントを確認しながら学習を行っていくようにする。特に、1問目はペアで考えることで、学習の手順を理解し、2問目は個人で考えられるようにする。
❸ 本時の学習を振り返る。 (1) 教科のまとめ。 　・位がずれると答えが違ってしまう 　・くり上がった数をわすれずに足す	●教科のまとめと育てたいプログラミングの考え方のまとめを両方書かせることで、どちらのねらいも達成できるようにする。
(2) 育てたいプログラミングの考え方のまとめ。 　・見直しをして間違っているところを見つけたら正しく直すことが大切 　・手順が1つでも足りないと答えが違ってしまう	◉手順の間違いを発見し、正しい順序で行うことは、どんな問題を解くときにも必要であることを伝えることで、デバッグの大切さに気付かせていく。
(3) 適用問題に取り組む。 $$\begin{array}{r} 25 \\ \times\,80 \\ \hline 1640 \end{array} \Rightarrow \begin{array}{r} 25 \\ \times\,80 \\ \hline 2000 \end{array}$$	●計算を間違えた児童には、シーケンスと照らし合わせながら間違いを見つけさせる。

第3学年　算数科　筆算のまちがいを見つけ、正しく直そう　**23**

授業のポイント

1 「デバッグ」の理解を深めるための体験

本時で扱うデバッグの考え方を理解するため、実際にれんしゅう20と同じ状況を作り、体験させた。ルビィの手順通り、給食セットやお皿などを並べた後にテーブルクロスをかけると、「これじゃ食べられないよ！」という声が挙がった。その後、正しい手順に直すと、きちんと準備ができた。手順を間違うと結果がおかしくなることを、実体験を伴いながら理解を深めることができた。

1 「ケーキがつぶれちゃう！」児童たちはすぐに手順がおかしい部分に気付き、修正できた。

2 ミスを見つけたら消さずに印をつけて修正

間違えた問題は消しゴムで全て消し、正しい答えを書き直すと、どの部分でどう間違ったのか、理解が不十分なままになる。そこで、間違いには印をつけ、消さずに新たに筆算した。こうすることで、手順のどの部分がおかしくて間違えたか確認できた。児童たちはデバッグの思考を通して、間違いは恥ずかしいことではなく、大切なのは、間違いを見つけて正しく直すことだと気付くことができた。

2 自分の筆算と見比べながら、間違っている部分を見つけ、赤鉛筆で印をつける。

3 筆算の間違っているところを友達に説明する活動

間違いを探すだけでなく、それを言葉で表現する力を身に付けさせるために、友達と伝え合う活動を取り入れた。ワークシートに「まちがいポイント」欄をつくり、間違いを一言で表すとどうなるか考えさせた。それを使い、シーケンスと照らし合わせながら、どこが間違っているか、どうすれば正しい計算になるかをペアの友達と伝え合った。説明することで、思考を整理したり、理解を深めたりすることができた。

3 シーケンスと照らし合わせながらペアの友達に説明する。

授業実施における留意点

以前行った図工のプログラミング学習を想起させた。LEDライトを光らせるプログラムを組み、LEDライトとつないでも、全く光らなかった。原因を考えさせ「スタートの合図がないから、コンピューターもいつ始めるかわからない」と気付かせた。手順が抜けているとコンピューターは動かなかったり、違った動きをすることを思い出し、筆算の手順も同じだと、児童の思考がつながったと感じられた。

板書例

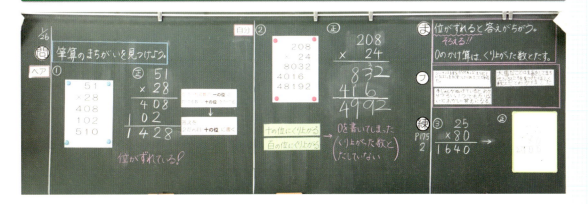

児童の振り返り

位がずれていたり0を書いてしまったりしたまちがいでした。手じゅんが1つでもぬけたりかわったりすると答えもまちがえてしまいます。だから見直しをよくしないといけないということがわかりました。

かけ算のひっ算のまちがいを探してみて、見直してすごいと思いました。大事なことは何度も見直しをして、まちがっているところを見つけたら正しく直すことだとわかりました。

位がずれたり、いらない0を書いたりするとまちがっている答えになってしまう。答えが合っているか、シーケンスを見ながらもう一度計算をしてかくにんするのが大事だと思いました。

2けた×2けたの計算のまちがいをみんなで直しました。位がずれていたりよぶんな何かを書いたりしてむずかしかったです。それを見つけて正しく直すことができました。

専門家のコメント

- 茨城大学教育学部准教授　小林祐紀

「デバッグ（バグつぶし）」の考え方を取り入れた坂入先生の実践は、前時までのシーケンス（順序）の考え方を活用して、計算の間違いを見つける活動を行っていることに特徴があります。また、授業の導入では書籍と同じ状況を作り、児童がデバッグの考えを理解しやすくなるよう、手立てを講じています。さらに、間違いに印を付け、消しゴムを使わせない指導や間違いを一言で表現し伝え合う指導など教師の細やかな指導が見られる実践といえます。

- 大阪電気通信大学工学部教授　兼宗 進

プログラムの開発では、いちどに全体を作ることはせずに、途中まで作っては動かしながら、プログラムを何度も修正します。正しく動かない原因（バグ）を修正する作業はデバッグと呼ばれています。作りながら修正していくことは、文書作成などを含めてコンピューターを使いこなしていくための正しい姿勢です。この授業では、計算の手順について、正しく計算できないときの誤りの原因を発見し、それを修正する体験を通して、デバッグの考え方を伝えています。

第3学年　算数科

二等辺三角形をかこう

藤原 晴佳
古河市立大和田小学校
教諭

教科目標	コンパスとものさしを用い、手順通りに二等辺三角形と正三角形を作図することができる
育てたいプログラミングの考え方	シーケンスの考え方を用いて、二等辺三角形のかき方を順序よく説明することができる
対応するアクティビティ	1. ルビィってどんな子？ れんしゅう1　シーケンス（順番に並んだ命令）

単元構成「三角形を調べよう」	
第1次	いろいろな三角形を考える
第2次	二等辺三角形・正三角形の作図のしかたを理解する
第3次	それぞれの三角形の性質を理解する

実践の概要

　3年生では、二等辺三角形や直角三角形の形や性質、作図のしかたを学習する。本実践では、二等辺三角形の作図のしかたを考え、シーケンスの考え方を生かし説明を行っていく。辺の長さを視覚的・体験的に理解するために、ストローを使って作図のしかたを見出し考えた。考えた作図のしかたを順序に気をつけてシーケンスを作成することで、図形を作図するには順序が大切であることに目を向けていく。

準備物・ワークシート

⬆色によって長さが違う棒を用意。実際に二等辺三角形をつくることで、必要な辺の数や道具を考えさせた。

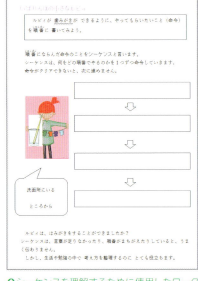

⬆シーケンスを理解するために使用したワークシート。身近な課題で取り組むことにより、手順を考えることの大切さを捉えた。

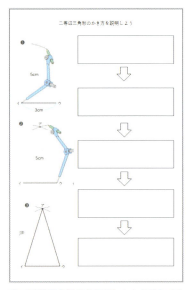

⬆二等辺三角形の作図のしかたを記入するワークシート。手順を分けて考え、1つずつステップを進むことが分かるようにした。

授業の流れ

本時の展開	指導上の留意点 ◉論理的思考にかかわる働きかけ
1 本時の課題をつかむ。 三角形のかき方を説明しよう。 (1) 二等辺三角形の定義を思い出す。 　・2つの辺の長さが等しい	●前時までに学習した二等辺三角形や正三角形の用語と定義を掲示して、二等辺三角形の特徴をおさえる。
(2) ストローを使って、二等辺三角形の作図のしかたを話し合う。 　・コンパスを使えば作図できるかな	●ストローで作った二等辺三角形を使って、同じ長さの辺の部分をコンパスでかくとよいことに気付かせる。 ●前時に、三角形の辺の長さをはかりとるためにコンパスを使用したことを想起させる。
2 作図のしかたを考え、シーケンスをつくる。 (1) 『ルビィのぼうけん』P.71を使い、シーケンスの考え方を確認する。 　・歯みがきのしかたも順序があるんだね	◉日常生活での行動を順序よくワークシートに書いていくことで、シーケンスの考え方をおさえていく。
(2) 二等辺三角形を作図のしかたについて、シーケンスを書く。 　・大事なところはどこだろう 　・順序に気をつけて書いてみよう 　・次はどこから書けばいいだろう	●つまずいている児童には、作図途中の図を見せながら、作図のしかたを捉えられるようにする。 ●前時までにまとめた「コンパスの使い方」を用いて、書き方をおさえることで、つまずきをなくすようにする。
(3) 作成したシーケンスで友達に作図してもらい、正しく作図できるか確認する。 　・しるしをつけるところが分かりやすいよ	◉作図がうまくいかない場合には、手順を変えたり言葉を変えたりして、シーケンスを見直していく（デバッグ）ことも大切にしていく。
3 正しい作図のしかたを確認し、本時のまとめを行う。 (1) 二等辺三角形の作図のしかたを全員で確認する。 ①3cmの線イウを引く。 ②コンパスでイから5cmの場所にしるしをつける。 ③ウからも②と同じ。 ④しるしが交わっているところから、イウにそれぞれ直線を引く。	●各辺の長さが指定された長さになっているかものさしで確かめることで、正確に作図できる良さに気付かせていく。 ◉シーケンスで作図のしかたを順序よくまとめることで、正確に作図できる良さに気付かせていく。
(2) 振り返りをノートに書き、まとめとする。 　・三角形のかき方の説明を順序に気をつけて書くことができた 　・手順通りにかくと、正しくかけるね 　・順序を間違えると正しくかけないね	●本時の目標であった「作図のしかたの説明」を意識させ、三角形をかくことができたか振り返りを行う。 ◉順序よく作図のしかたを説明することで、自分だけでなく友達にも伝わる良さを知る。

第3学年　算数科　二等辺三角形をかこう　**27**

授業のポイント

1 生活との関連を生かした導入

　生活の中にある身近な課題を扱うことで、誰もが簡単にシーケンス（順番に並んだ命令）の性質を理解できるようにした。「歯みがき」の課題について、洗面所からスタートするという設定を与え、「歯ブラシを手に持つ」や「歯ブラシに歯みがきこをつける」などのように、小さく行動を分け、順序よく並べ替え、友達と命令を出し合いながらその通りに行動する活動を取り入れた。

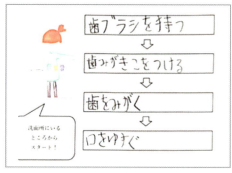

1　身近な課題（歯みがき）から、手順を順序よく書く練習を行う。

2 体験や図をもとにして作図のしかたを考える活動

　色によって長さが違う棒で二等辺三角形をつくる体験活動を取り入れ、辺の長さや特徴などに気付けるようにした。
　また、作図のしかたのヒントとなる3つの図（教科書）を見ながら、どこに視点を置くかを考え、シーケンスを書き出していく。このようにして、作図の方法を細く分けて、順序よく書き表すことで、誰もが正確に二等辺三角形を作図することができるようにした。

2　二等辺三角形の特徴や同じ長さの辺をストローを使って、視点を考える。

3 友達に伝えることでシーケンスを確認するペア活動

　ワークシートに書いたシーケンスを友達に伝え、相手に言われた通り作図を行う活動を行った。作図のしかたをシーケンスにしたことで、より分かりやすい説明となり、作図をスムーズに行うことができた。また、実際に自分のシーケンスで友達に作図を行ってもらうことで、順序が逆だったり言葉が足りなかったり、うまく伝わらなかったところを見つけ、修正することができた。

3　友達に考えたシーケンスを伝え、二等辺三角形を作図できるか確認する。

授業実施における留意点

　シーケンスの考え方は、普段の生活の中にも多く使用されている。身近な課題（歯みがき）の説明を行う活動をとおして、作業を細かく分けて順序よくつなげていくことで正しく問題を解決できることに気付いた。また、手順や言葉が違っていたら消しゴムで消すのではなく、言葉を補ったり削ったりすることで、シーケンスの特徴を生かしながら自分の考えを深めることができた。

板書例

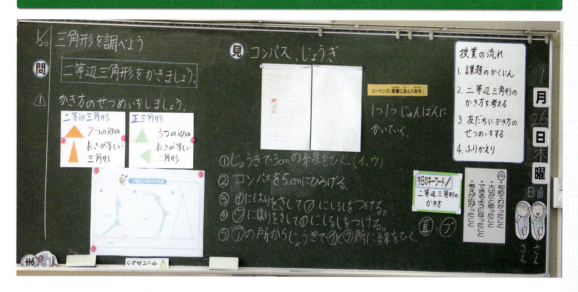

児童の振り返り

二等辺三角形は、じょうぎだけで書けるとおもっていたけれど、コンパスを使ってかくということがわかりました。そして、シーケンスを使うことによって、より手じゅんをわかりやすく書くことができました。

最初はせつめいのしかたがわからなかったけれど、図をヒントにしたり、アドバイスを聞いたりして書けるようになりました。シーケンスを使ってせつめいをすると、どのじゅん番でやるかがわかりやすかったです。

色のついたぼうをヒントにして、二等辺三角形をかくときには、コンパスを使ってかけばよいことに気づきました。1つ1つ細かく手じゅんを書くのはむずかしかったけれど、わかりやすかったです。

せつめいの言葉は、友だちにわかりやすい言葉で書くとつたわりやすいことがわかりました。手じゅんがわかったので、これからも二等辺三角形がかけそうです。他の教科でもシーケンスを使っていきたいです。

専門家のコメント

- **茨城大学教育学部准教授　小林祐紀**

「シーケンス（順序）」の考え方を取り入れた藤原先生の実践は、児童にとって身近な生活場面を導入としていることに特徴があります。また、算数的活動を十分に取り入れ、シーケンスづくりに必要感をもたせています。そして、ペアで行う作図活動では、1人1人が考えたシーケンスを使ってうまくいかなかった事例を適切に見取り、修正（問題解決）につなげています。児童のシーケンスへの理解が深まった実践といえます。

- **大阪電気通信大学工学部教授　兼宗 進**

プログラムでは、実行したい命令を縦に並べて書き、コンピューターはそれを1つずつ順番に実行していきます。命令の順序は重要で、順序を変えると実行の結果が違ってしまいます。ただし、1つの目的を達成するためのプログラムは1つとは限りません。この授業では、図形を描く作業を手順として書き出し、それを1つずつ順番に行うことで命令の順次的な実行を体験しています。

第3学年　算数科　二等辺三角形をかこう

第3学年　理科

身の回りのものを見分けよう

藤原 晴佳
古河市立大和田小学校
教諭

教科目標	身の回りにあるさまざまなものを、その素材や材質に着目して見分けることができる
育てたいプログラミングの考え方	条件を設定することで物質を特定できることを理解する もし〜だったら〜するの考え方を理解する
対応するアクティビティ	6. やさい畑 れんしゅう14　場合分け

単元構成	「じしゃくのふしぎをしらべよう」
第1次	じしゃくに引きつけられるもの（本時）
第2次	じしゃくと鉄

実践の概要

　本実践は、今まで学習してきた電気や磁石の性質を使って、ものを見分けていく学習である。身の回りにあるさまざまなものを、その素材や材質に着目し、実験を通してものを判別していく。以前学習した「こん虫をそだてよう」では、虫の体のつくりに着目し、条件を絞っていくことで昆虫の特徴を見出す活動を行った。それを生かして、条件分岐の考え方を取り入れ、今まで学習してきた電気や磁石の性質を条件に分岐を進めていくことで、調べる視点が明確になり金属や鉄などのものを判別することができた。

準備物・ワークシート

↑実験に使った身の回りのもの。実物を用意し、実験を行った。また、児童も各自実験に使いたいものを持ってくることで、意欲を持って実験に取り組めるようにした。

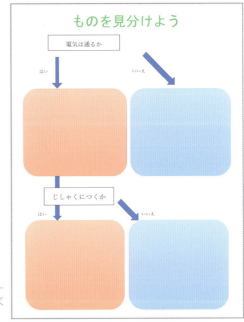

→条件分岐の考え方を用いたワークシート。「電気が通るか」や「じしゃくにつくか」の条件を設定し実験を行っていく。

30

授業の流れ

本時の展開	指導上の留意点 ◉論理的思考にかかわる働きかけ
1 本時の課題を確認する。 身の回りにあるものを分別して、金ぞくや鉄を見分けよう。 (1) ものを見分けるときのポイントを考える。 ・見分けるときは、見た目ではわからないね ・今まで学習してきた「電気を通すか」「じしゃくにつくか」で、なかま分けをしてみよう	●既習をふまえた課題にすることで、見通しをもって取り組むことができるようにする。 ●既習事項を確認し、「ものは何に分けられたか」や「どんな実験をして分けたか」を考えることで、実験方法を見出していく。 ●身の回りにあるものを、実験を通して分けていくことで種類別に分けられる良さを捉え、本時の活動への意欲付けをする。
(2) 生き物の体のつくりに着目しながら分岐によって分けていき、昆虫を見出す既習活動を行い、もし～だったら～するの考え方を思い出す。 ・条件によって、生き物の種類が絞れたね ・条件が「もし～なら、～。」になっているよ	●以前行っている昆虫の性質を考えながら条件に合うときは下へ、合わない場合は右へ分けるワークシートを使用することで、本時の活動へとつなげていく。 ◉条件を複数設定することで、より詳しく分別していくことができることに気付かせる。
2 分別する条件を設定し、各グループごとに身の回りのものを見分けていく。 (1)「電気を通すか」の条件において、「はい」の場合には下、「いいえ」の場合には右に分けていく。 ・電気が通ったから「金属」でできているんだね ・通らないものは金属でないものだね	●素材や材質に着目し、分けることができるよう声かけする。 ●回路の途中に色々なものをつないで、電気が流れるかどうかを比較することで、その違いを考察していけるようにする。
(2)「じしゃくにつくか」の条件において、同様に見分けていく。 ・金属でも、磁石につくものとつかないものに分かれるね	●磁石につくものとつかないものを比較し、それらが鉄であることに気付くことができるようにする。
3 実験結果を表に整理し、本時のまとめを行う。 (1) 分別した結果をもとに、ものの種類名を考える。 ・金属、金属でないもの、鉄、鉄でない金属にまとめることができるね	●条件を設定し、課題を絞っていくことで、細かい情報を知ることができる良さに気付かせていく。
(2) 振り返りをワークシートに記入し、まとめとする。 ・条件によって見分けていくことで、金属や鉄を見つけることができたよ ・このスプーンは、鉄からできていたんだね	◉条件分岐は、天気によって服装を変えるなど生活の中で日常的に使われていることを伝え、本時の活動の意味を確かめるものにしていけるようにしたい。

第3学年　理科　身の回りのものを見分けよう

授業のポイント

1 既習事項を生かして条件分岐の考え方をおさえる導入

信号のように赤なら止まる、青なら進むのように、判断する回数が1回であれば日常の生活でも使っているが、2回以上ある分岐は、3年生では困難だと考えた。そこで、既習事項である昆虫の特徴において、連続性のある分岐を扱うことで、3年生でも捉えやすくした。生き物の体のつくりや生態に着目しながら分けていくことで、生き物の種類を見出すことができ、条件分岐の考え方をおさえることができた。

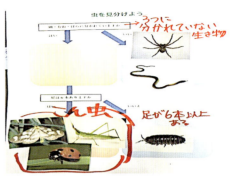

1 条件に合わせて、昆虫と昆虫でないものに分けていく。

2 実験を通して、ものの素材や材質に気付く活動

「電気を通すか」と「じしゃくにつくか」の2つの条件を設定し、実験を行った。電気や磁石を用いた実験を通して、金属や鉄の素材や材質の特徴に着目することができた。また、一円玉は電気を通すが、磁石にはつかないことから、素材や材質にも関心が広がった。自分たちで実験を行いたい身の回りのもの（ピン留め、マフラーなど）を持ってくることで、より主体的に実験に取り組むことができた。

2 実験をとおして、ものを判別しながら素材や材質に気付く様子。

3 条件分岐の考え方を用いてものの種類を見分けていくまとめ

実験結果を大きな表に書き出し、分けられたものそれぞれに見出しをつけていく。「電気を通すか」の条件からは金属でできているものか金属でないものに分けられ、「じしゃくにつくか」の条件からは鉄か金属であるが磁石につかないものに分けられた。このように、条件分岐の考え方で実験結果を整理したことで、電気と磁石で学習してきた金属や鉄の性質を活用する姿につながった。

3 実験を通して分けていったものに見出しをつけていく。

授業実施における留意点

本実践で行ったように、2回の分岐を行うことで、さらに細分化した答えを絞りだすことに役立った。条件分岐の考え方は、コンピューターにおいては、どんな時に何をするのか指示する場合に必要である。例えば、電子レンジはボタンを押せばスタートし、指定された秒数で止まる。それまでは温め続ける。このように身の回りの電化製品など、さまざまな場面で使われていることに気付くよう関係づけて話をした。

板書例

児童の振り返り

電気を通すものは金ぞく、じしゃくに引きつけられるものは鉄だということがわかりました。分岐をすると、どんなものか見分けることができました。テレビも分岐が使われているのかな？と思いました。

なべは、鉄でできているだろうと予想していました。けれど、電気を通すけれど、じしゃくにはつかなかったので、鉄でないことがわかりました。じゅんじょよく実けんをすれば見分けられます。

電気やじしゃくの実けんを続けてやってみることで、何からできているということをしぼることができました。分岐を使うと、かんたんにいろいろなしゅるいに分けることができます。

金ぞくは、アルミ・どう・鉄からできていることがわかりました。その中でも、鉄しかじしゃくにつかないということがわかり、分岐を使うとかんたんに見分けていくことができると思いました。

💬 専門家のコメント

- **茨城大学教育学部准教授　小林祐紀**

「条件分岐」の考え方を取り入れた藤原先生の実践は、児童の身の回りにあるものを取り上げて操作し、実感を伴った理解に導いていることに特徴があります。児童はこれまでの理科の学習内容と関連づけながら、条件分岐の考え方を用いて見分ける活動を行っています。また、見分ける活動にとどまらず比較して違いを考察したり、見出しを付けたりする学習を展開しています。児童の科学的な見方や考え方を育む授業デザインといえます。

- **大阪電気通信大学工学部教授　兼宗 進**

コンピューターは、条件が成り立つときだけ特定の処理を行ったり、条件によって行う処理を切り替えるために、条件分岐という考え方を使っています。条件が1つの場合は「YesかNo」になりますが、2つの条件を指定する場合は「Yes/Yes」「Yes/No」「No/Yes」「No/No」の4通りの場合分けを考える必要があります。この授業では、「電気を通さないものは磁石につかない」という性質を利用して場合分けを3通りに減らしています。

第3学年　理科　身の回りのものを見分けよう

第3学年　音楽科

はくの流れにのって
リズム遊びを
楽しもう

坂入 優花
古河市立駒込小学校
教諭

教科目標	日本や諸外国の歌に親しみ、拍の流れにのって歌ったり遊んだりして楽しむ
育てたいプログラミングの考え方	同じことのセットを決まった回数繰り返す（「ループ」）。「はじめ」と「おわり」のルールを守る
対応するアクティビティ	5．雪ひょうの家 れんしゅう12　ループ

単元構成「世界の歌めぐり」

第1次	世界の友達の歌を楽しもう
第2次	はくの流れにのって歌や遊びを楽しもう（本時）
第3次	曲の感じをとらえて演奏しよう

実践の概要

音楽科では、音楽を形づくる要素を聴き取り、それらの働きが生み出す良さや面白さ、美しさを感じ取る指導が必要である。この単元では、その要素の中の「拍の流れ」や「リズム」に着目した。児童たちがよく耳にする音楽のうち3拍子の曲はあまりなく、リズムが捉えにくい。そこで、プログラミングにおけるループ（繰り返し）の考え方を取り入れ、3つの動きをつなげて曲に合わせて体を動かすことで、3拍子の拍の流れにのってリズム遊びを楽しむ活動とした。

準備物・ワークシート

↰ループの考え方で大切な条件を設定する。今回は、はじめ・終わりのルールに加えて、1拍目の動きを「ジャンプ」に揃えた。

↰本時で使用したワークシート。教科目標と育てたいプログラミングの考え方の両方を達成できたか確認できるよう、振り返りの欄の視点を分けて記入できるようにした。

34

授業の流れ

本時の展開	指導上の留意点 ◉論理的思考にかかわる働きかけ
1 「陽気なかじや」を歌とリコーダーで演奏する。	
2 本時のめあてをつかむ。 　3びょうしのはくの流れにのってリズム遊びを楽しもう。 ・3拍子って、1小節に3拍入るリズムだね	●3拍子について、1小節に4分音符が3つ分入ることを振り返り、本時の活動につなげる。
3 「陽気なかじや」と既習曲を比較し、3拍子のリズムを捉える。 ・「十五夜さんのもちつき（2拍子）」 ・「アルプス一万尺（4拍子）」	●ペアでそれぞれの手合わせをして、拍子のリズムの違いに気付かせる。
4 範唱に合わせて手合わせをする。 (1) 全員で同じ動き	●全体で手合わせの動きの考え方を確認する。 ●1拍目以外から始まる曲であるため、1拍目が歌詞の始めの「ぼ」ではなく「く」になることを確認する。
(2) ペアで考える 　じょうけん〈みんなでそろえること〉 　　○はじめのルール：最初の音を歌った後、はじめる 　　○終わりのルール：最後の音を歌ったら終わり 　　○1拍目の動き：ジャンプ	◉「はじめのルール」「終わりのルール」を決めることで、合図によって動きが始まったり終わったりすることを捉えさせる。 ◉「終わりのルール」があるまでずっと3つの動きを繰り返すループを体で認識させる。
(3) 曲に合わせて考えた動きをやってみる 　　○速いリズムで 　　○ゆっくりなリズムで 　　○歌いながら ・曲が速くなると、動きが難しいね ・ずっと動いていると疲れちゃうな	●速度を変えたり相手を替えたりして、3拍子の流れを感じながらリズム遊びができるようにする。
5 別のペアが考えた動きをやってみる。 ・友達がちゃんと動けるようにするには、どうやって伝えたらいいかな	◉自分たちが決めた動きを使って他のペアが同じ動きをする活動を通して、コンピューターとプログラマーの関係性を捉え、命令によって動くコンピューターの感覚をつかませる。
6 本時のまとめを行う。 (1) ループの考え方について再確認する。	◉信号機を例に挙げ、コンピューターのプログラムは永遠に続くが、人間はそうではないことに気付かせる。
(2) 本時の振り返りを書く。 ・3拍子のリズムを感じることができた ・ずっと同じ動きを繰り返すのは大変	

授業のポイント

1 ループを使って3拍子のリズムを体感

本時で扱う「陽気なかじや」は3拍子の曲である。児童にとって、3拍子の曲は普段なかなか耳にすることが少なく、リズムが取りづらそうであった。そこでループの考え方を使い、3つの動きをつなげて曲の中で繰り返した。そうすることで、3拍子の感覚を体感できるようにした。

1 ペアで相談し、3つの動きを組み合わせてループさせ、3拍子の拍の流れを感じることができた。

2 拍子をきちんと捉えるための「はじめのルール」作り

「陽気なかじや」は、1拍目以外から始まる曲（アウフタクト）であり、歌う1音目は小節の1拍目ではないことに注意したい。それを児童が認識しないと、3拍子のリズムがずれてしまい、ループの動きと拍子が合わなくなる。そこで、「はじめ」「終わり」のルールを決める際に、はじめのルールを「最初の音を歌った後」と設定し、小節の1拍目とループの最初の動きが合うようにした。

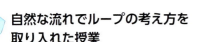

2 「はじめ」「終わり」のルールを揃えることで、拍の流れがずれることなく捉えられる。

3 自然な流れでループの考え方を取り入れた授業

児童がループの考え方を意識して活動するのではなく、自然と会得できるような流れを考えた。まとめの部分でループの概念を意識化できるよう、振り返る時間をとった。児童の振り返りに「3びょうしの1・2・3のリズムをずっとする（ループ）ができた」「3びょうしは小節の中に3つ入っていることがわかった」という言葉が見られ、教科・育てたいプログラミングの考え方両方の目標を達成することができた。

3 ペアで相談しながら考えた3つの動きを繰り返すことで、3拍子もループも理解。

授業実施における留意点

ループの動きを、友達に指示してやってもらう活動を通して、プログラマーとコンピューターの関係性を感じられるようにした。信号機を例に、人間は同じ動きを繰り返すと疲れてできなくなるが、コンピューターは何万回も繰り返すことを伝えた。児童からは「信号のループが途中で止まると事故や渋滞が起きたりして困る」という意見が出て、単にループという概念だけでなく、世の中とのつながりも考えることができた。

板書例

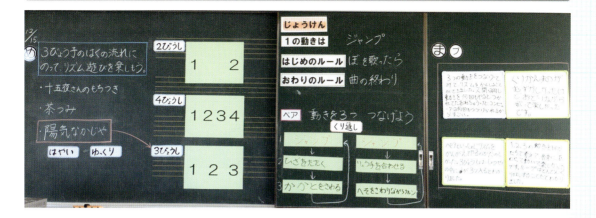

児童の振り返り

　3つの動きをつなげてみてリズムを感じることができました。人間は同じ動きを何回もやるとつかれちゃうけど、コンピューターは何回も何回もつづけられるから、すごいなあと思いました。

　3びょうしに合わせて動いて楽しかったです。人間は1日中動きをくりかえすことはできないけど、信号きは青・黄色・赤ってくりかえすことができることや、それをループということもわかりました。

　3びょうしで1・2・3のリズムをずっとする（ループ）をやって、リズムに合わせて動きました。ループをずっとするのはつらいけど、信号きはずっと同じ動きをしないとじこが起こってしまうことがあるため、ずっとループをしているのがすごいです。

　1・2・3の動きを自分たちで考えて、はじめとおわりのルールで動いて、さいしょはできなかったけれどさいごのほうはできて楽しかったです。ループは、動きをどんどんくりかえしすることだとわかりました。

● 専門家のコメント

・茨城大学教育学部准教授　小林祐紀

　「ループ」の考え方を取り入れた坂入先生の実践は、実際に同じ動きで体を動かしたり、ペアで動きを試したりして、多くの体験を通して児童が学んでいることに特徴があります。また、授業のまとめでは、体験したループが世の中のどのような場面で使われているかを確認し、ループの仕組みや大切さを児童は感じています。教室での学習がループをキーワードにして、児童の身近な生活へとつながっていく実践といえます。

・大阪電気通信大学工学部教授　兼宗 進

　コンピューターのプログラムで、繰り返し（ループ）は基本的な処理の1つです。ループを使うプログラムでは、処理を続けるための（または終了するための）条件を指定します。この授業では、ダンスの振り付けを考えることで、ループの中で複数の命令を実行することを体験しています。また、信号機を例にすることで、ループはコンピューターにとって基本的な処理であり、同じ処理を繰り返して実行できることがコンピューターの利点であることを伝えています。

第4学年　算数科

いろいろな図形の特徴

清水　匠
茨城大学教育学部
附属小学校　教諭

教科目標	学習してきたいろいろな図形の定義を確認しながら、その特徴をもとに仲間分けをする
育てたいプログラミングの考え方	集合データを系統立てて整理し、「かつ」「ではない」などの思考を用いて分類する
対応するアクティビティ	4．ペンギンたち れんしゅう10　データ構造（データのまとめ方）

単元構成「垂直と平行と四角形」	
第1次	直線の交わり方と書き方
第2次	いろいろな四角形
第3次	まとめ
	第1時　いろいろな図形の特徴（本時） 第2時　まとめの練習

実践の概要

　この単元では、既習の図形に加えて、似たような定義をもつ新しい図形がたくさん登場し、詳しい定義まで理解していくのが難しい。特に多くの児童は、見た目の形だけで覚えており、変形した形だと途端に分からなくなる。そこで、本実践では、様々な特徴をもつ図形をベン図[*]で分類していくことで、図形の定義を再確認していく授業を行った。その中で、育てたいプログラミングの考え方として、「かつ」「ではない」などの論理演算の考え方に触れながら、分類を可視化していく良さに気付けるようにした。

[*]ベン図とは、部分集合や集合の範囲を視覚的に表したもの。イギリスの数学者ジョン・ベンによって考案された。

準備物・ワークシート

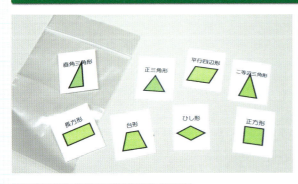

↱児童が実際に図形を見て、確認しながらベン図に配置していけるようにするため、既習の図形を小さく印刷して、1人1セット配付した。

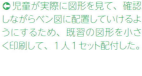

↱ベン図の条件にあたる部分についても、児童自身で考えていけるよう短冊を用意し、授業の中で挙がったものを書き留める。この中から全体で共通の条件を選択してベン図を作成する。

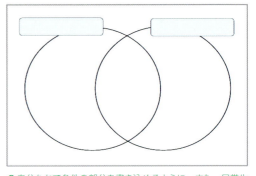

↱自分たちで条件の部分を書き込めるように、また、日常生活でも使いたいと思えるように、条件の部分を空欄にし、枠組みのみのワークシートとした。

授業の流れ

本時の展開	指導上の留意点 ◉論理的思考にかかわる働きかけ
1 『ルビィのぼうけん』から本時の課題をつかむ。 (1)『ルビィのぼうけん』P.84・85を見て、お弁当箱をつくるのを手伝う。 ・ジップのお弁当箱は、オレンジ色のフルーツが真ん中だから、オレンジが入るね ・ポップのお弁当箱は、ヨウナシは仕切りの外に入るかな	●書籍『ルビィのぼうけん』の物語と連動させて提示することで、興味を引き、本時の内容に焦点化していく。 ◉仕切りをもとに、条件が共通にあてはまる部分、どれも当てはまらないものの部分があることを理解させ、ベン図の特徴を捉える中で、「かつ」「ではない」などの論理演算の思考を扱っていく。
(2) 本時の課題をつかむ。 ・算数でもいろいろな図形が出てきたね 今までに習った図形の特ちょうを考えて、ベン図で仲間分けしよう。	●実際に掲示物を使って、食材をお弁当箱に配置していくようにし、条件がどのように適用されるのか、視覚的に捉えることができるようにする。
2 いろいろな図形を自分で決めた条件で仲間分けをする。 (1) 今までに学習した図形と特徴を洗い出す。 ・正方形　・長方形　・台形 ・平行四辺形　・ひし形 ・正三角形　・二等辺三角形　・直角三角形	●いろいろな図形を自由にあげさせ、全体で簡単に特徴を確認していくことで、本時の活動でのつまずきを防ぐようにする。
(2) 分類するための条件を考える。 ・角度が同じ、辺の長さが同じという仕切りはどうかな ・三角形と四角形という仕切りにしよう ・似た条件だと、共通の部分ができないね	●様々な条件は児童から挙げさせていくが、教員がその中から2つ選んでベン図の枠を作成することで、図形の特徴を考えながら仲間分けする活動に、十分な時間を確保する。 ●小さな図形を全員分用意し、実際に手で操作しながら分類していくことで、図形の特徴を目で確認しながら算数的に思考していけるようにする。
(3) 決めた条件を使っていくつかのベン図を作り、図形を仲間分けする。	●個人で活動は行うが、グループの形態にして図形の定義について相談しながら活動できるようにする。
3 本時のまとめを行う。 (1) 全体で仲間分けを確認する。	●それぞれの図形の定義を全体で確認しながら進めるようにし、本時の学習内容の定着化を図る。
(2) 振り返りをノートに記入し、まとめとする。 ・意外と「かつ」にあてはまる図形は少ないんだね ・分けている中で、図形の特徴をたくさん考えることができたね	◉ある集合データに対して具体的な項目を決めて視覚的に整理していくベン図を通して、項目を決めるプログラマーと、指示に従って正確に仕事をするコンピューターとの関係にも気付かせていきたい。

第4学年　算数科　いろいろな図形の特徴

授業のポイント

1 ベン図を感覚的に理解するための お弁当づくりの導入

　ベン図では、円が重なる「ともに当てはまる」という、条件が重なる部分について、意外と理解しづらい。そこで、様々な具材をお弁当箱の仕切りに分けて入れるというストーリー設定で導入の活動を行った。はじめは手探りで分けていた児童も、身近で分かりやすい条件である「野菜かどうか」「何色か」等をもとにすることで、楽しみながら感覚的にベン図の仕組みを捉えていくことができた。

1　お弁当箱をモチーフにしたルビィのベン図に野菜を配置していく。

2 ミニ図形を活用した算数的活動

　ベン図で図形の特徴を整理する際、全員にミニ図形を配付し、実際に目で見て触れながら図形の特徴を考えていく算数的活動を取り入れた。多くの児童が、様々な特徴をもつたくさんの図形を整理していく中で、その差異に気付いていくことができた。また、整理されたベン図を見て、似たような形の図形が近くに分類されていることにも気付き、細かい特徴の違いに目を向けていくことができた。

2　ミニ図形を実際に手に取って確認しながら、ベン図上に整理していく。

3 常に図形の定義に立ち返らせていく

　ベン図で整理している時、多くの児童が友達と積極的に意見交換をしていた。例えば、ひし形は直角にすれば正方形と一緒だと気付き、ひし形の定義に立ち返ると、正方形を内包していることに気付く。このように、分けることを第一の目的とせず、分ける中で様々に議論することを通して、それぞれの図形の定義に立ち返らせていく指導を大切にして、様々な図形の定義を再確認していくことができた。

3　友達と図形の定義について確認したり、教科書を見直したりしながら活動する。

授業実施における留意点

　授業の最後に、ベン図は物事の特徴を可視化して整理できること、プログラマーが正しい条件を指示すればコンピューターは素早く正確に仕分けを行うことなどを伝えた。図形の特徴について悩みながら整理した体験から、実感を伴って理解できたようだった。また、「かつ」「ではない」などの用語についても、プログラミングにおける大切な考え方であることも理解させていきたい。

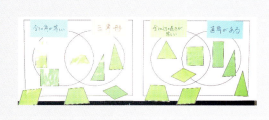

板書例

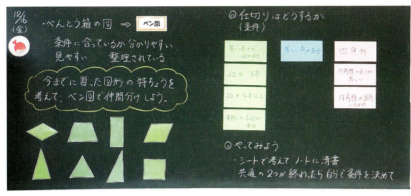
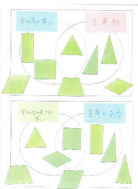

児童の振り返り

　正方形や正三角形のような図形は、様々な条件が重なってできているので、ベン図の中心に入りやすい。ベン図は、2つの条件が重なったときに、中心に入ることがわかった。

　ベン図に分けるのが意外と大変だったけれど、コンピューターでそれが瞬時に、正確にできるようにプログラムすることができると聞いて、すごいと思った。たくさんの図形を分けるときには便利だなと思った。

　ベン図を使うことで、どの形とどの形が仲間なのかすぐにわかるようになって、見やすくなると思う。これからの生活でも、何か整理するときに使ってみたいと思った。

　台形も辺の長さを変えて、上と下を同じ長さにすれば、正方形になる。長方形だってそろえたら正方形になる。三角形も同じようにできる。図形がどんな仲間をもっているのかわかった。

専門家のコメント

- **茨城大学教育学部准教授　小林祐紀**

「ベン図による分類」の考え方を取り入れた清水先生の実践は、図形の定義をよりどころにして、ミニ図形を使いながら十分な算数的活動を児童全員に保証していることに特徴があります。そして、図形を分類する過程の議論から、児童は必然性を持って「かつ」「ではない」などの論理的な思考を働かせていたと予想できます。さらに終末には、コンピューターの世界との結びつきを的確に示し、児童の視野を広げようとしています。

- **大阪電気通信大学工学部教授　兼宗 進**

コンピューターのプログラムでは、真偽値は条件分岐を扱うときの条件や、ループを扱う時の終了判定などで使われています。条件が複数あるときは、それらを「両方とも成り立つ」という意味の論理積（AND）や、「どちらか一方でも成り立つ」という意味の論理和（OR）などで組み合わせて使うことができます。この授業では、図形の複数の特徴を題材にすることで、特徴の組み合わせをベン図を使い図式的に理解する学習を行っています。

第4学年　算数科　いろいろな図形の特徴　41

第5学年　国語科

伝えたいことを
しぼろう

清水　匠
茨城大学教育学部
附属小学校　教諭

教科目標	必要な情報だけに絞って内容を整理することを通して、分かりやすくて伝わりやすい文章を書く
育てたいプログラミングの考え方	大量のデータを扱う際には、重要な性質にしぼってふるいにかけることで、単純に整理できることに気付く
対応するアクティビティ	8. ジャンゴ れんしゅう17　抽象化（大切なところだけのこす）

単元構成「分かりやすく伝える」	
第1次	伝えたいことを整理しよう
	第1時　伝えたいことをしぼろう（本時）
	第2時　分かりやすい文章にしよう
第2次	相手に合わせた文章で伝えよう
関連：異年齢活動での説明場面	

実践の概要

　児童の多くは、人にものを伝える時、思ったことから羅列していき、まとまりのない文章になることがある。そこで、伝えたい内容について観点を決めて整理し、分かりやすい文章をつくる学習を設定した。ここでは、具体的なデータを一旦抽象化することで観点を導き出し、整理して入力していく「モデル化」の考え方を用いることにした。異年齢の友達に、クラスで考案したオリジナルの遊びを説明する場面を想定し、具体的なイメージをもちながら活動ができるようにした。

準備物・ワークシート

○ 雪ひょうとペンギンの特徴が分かるように、『ルビィのぼうけん』で2人が登場する場面をつなぎ合わせて、お話をつくった。実態に合わせて、配付してもよいし、読み聞かせても面白い。

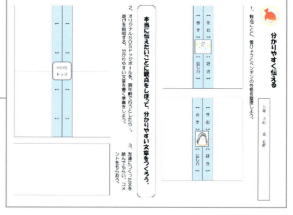

○『ルビィのぼうけん』P.99に模して、観点ごとに内容を記述できるように枠を作った。SOSドッジとは、クラスで考案したオリジナルのルールで行うドッジボールのこと。他者に分かりやすく伝える必要性がある。

授業の流れ

本時の展開	指導上の留意点 ⊙論理的思考にかかわる働きかけ
❶ 『ルビィのぼうけん』から 本時の課題をつかむ。 (1) 『ルビィのぼうけん』P.99とその関連ページを見て、ルビィの仲間たちの性格を考える。 ・雪ひょうは、整理整頓ができたね ・ペンギンは、難しい言葉をしゃべるよ	●書籍『ルビィのぼうけん』の物語と連動させて提示し、興味を引き、本時の内容に焦点化していく。 ⊙具体的な特徴をたくさん挙げると、情報過多で余計に特徴が見えなくなることに気付かせることで、性格を表す上で大切な観点に絞って整理していくとよいことを理解させていく。
(2) 本時の課題をつかむ。 ・観点を決めると、大切なものだけが残るね ・この前の異年齢活動では、下級生に活動のルールを上手に伝えられなかったな 本当に伝えたいことに観点をしぼって、分かりやすい文章をつくろう。	●児童の経験をもとにした本時の課題にすることで、活動に向かう必然性を生み出し、目的意識をもって取り組めるようにする。同時に、この学習の成果は次回の異年齢活動の中で発揮できることを伝え、学習のゴールをイメージできるようにする。
❷ 異年齢活動における説明場面を想定し、観点をしぼって伝えたい内容を考える。 (1) 説明する上で重要だと思う観点を考える。 ・活動のルールは絶対に必要だね ・やってはいけないことも伝えたいな ・どんな思いで活動してほしいかなんてどうかな	●観点は児童に考えさせ、その中から全員が共通して取り扱うものを数個決め、残りは自由に選択できるようにする。
(2) 決めた観点をもとに、伝えたい情報を整理する。 ・ルール：ボールをキャッチしたら〜 ・注意点：内野に戻る時には〜	●導入時の活動と同様に、情報だけを思いついた順番に羅列したバッドモデルの文章を提示し、それらを整理していくようにすることで取り組みやすくすると共に、整理された実感を味わえるようにする。 ●伝えたい「情報」だけにとらわれず、相手に感じてほしい「思い」も取り扱っていけるよう、全体で観点を決める際に声掛けしていく。 ●1つの観点に対する情報量が多くなっても、分かりづらくなっていくことに留意させる。
❸ 完成した文章を見せ合い、本時のまとめを行う。 (1) 文章を互いに見せ合い、観点に合わせて整理されているか確認し合う。 ・必要な情報だけにまとまっていて見やすいね (2) 振り返りをノートに記入し、まとめとする。 ・情報がコンパクトに整理できてよかった ・観点を決めて入力すると、コンピューターの能力を最大限に生かすことができるんだね ・次は相手に合わせた言葉づかいに直していきたいな	●本時の目標に即して、今回は観点に応じて書かれているかを評価し合うよう徹底する。 ⊙例えば、名簿の入力において、氏名・性別などの観点を定めて整理していくことで、ソートが可能になるなどのモデル化の例を提示することで、たくさんの情報を扱うには、重要な性質を表すいくつかの観点を定めることで単純に整理でき、コンピューターにも扱える形にすることができることをおさえていく。

第5学年　国語科　伝えたいことをしぼろう　**43**

授業のポイント

1 観点を決めて整理することの良さに気付く導入

雪ひょうとペンギンのお話を読み、どんなキャラクターだったか問うと、児童の多くはやみくもに思いつくまま挙げていく。それでは分かりにくく、比べることもできないことに気付かせ、観点を決めて整理する方法に目を向けていった。「住んでいる場所」「好きなこと」などの観点でまとめると、必要な情報だけが整理され、すぐに比べることもできる良さに気付いていった。

1 お話を聞いて、観点ごとにキャラクターの特徴を整理していく。

2 分かりやすく伝えるために必要な観点を自分で決める

どんな観点で情報を整理したらよいかは、何を伝えたいかによって変わってくる。すなわち、自分の意図に応じて観点を選ぶことが大切だと考えた。児童は、クラスで考案したオリジナルの遊びを下級生に伝えるには、「ルール」や「注意点」の他にも、「考案した思い」や「遊びの楽しさ」も伝える必要があると考え、整理していった。ただ、各自で自由に観点を考えるのは、少し難しいようだった。

2 どんな観点だと、自分たちの伝えたいことが伝わるのか話し合う。

3 伝える相手や場面をイメージしながら文章を考える

児童が現在直面している異年齢活動の運営場面を想定することで、「低学年にも分かりやすく伝える」という具体的なイメージや学習の必要性を感じ取らせた。「情報が多すぎても伝わらないよね」などと言いながら、1つ1つの観点の中身について悩みながら文章を考えていく姿が見られた。完成すると友達同士で見せ合い、「違う観点のことが混ざっているよ」などとアドバイスをしていた。

3 観点ごとに、SOSドッジのポイントを考えて記述していくが、意外に難しくて悩む児童の姿も。

授業実施における留意点

授業の最後に、本時の活動を振り返る中で、名簿作成の例を挙げ、項目を決めて入力していくことでコンピューターがその力を十分に発揮できる形になることを伝えた。例えば、友達に郵便物を送りたい人は、友達に関する様々な具体的情報から、郵便番号や住所などの情報だけを項目別に入力することで、順番にならべたりソートしたりする作業ができるようになることに気付かせていった。

板書例

児童の振り返り

　どんなことを書いたら下級生にわかってもらえるか考えながら書いた。まとめてみると、本当に伝えたいことはこんなに少なくなり、わかりやすくなるのかと感じた。

　今までいらない情報まで伝えていたかもしれないと気付いた。これからは、モデル化して、観点をしぼって伝えると、要点がわかりやすく、伝わりやすくなると思う。今後もいかしていきたい。

　自分が今、何を求めているかで、観点にする内容が変化していることに気づいた。自分で観点から全て考えるのは簡単ではないけれど、モデル化をすると大切なことが見えてきて情報の整理がよくできる。

　初めはバラバラの情報だったが、同じ観点で比べたり、その人の特徴がパッと見てわかったりできるように整理できた。今回の観点は、他の活動でも使えるのではないかと思った。

専門家のコメント

- **茨城大学教育学部准教授　小林祐紀**

　「抽象化（大事なところだけのこす）」の考え方を取り入れた清水先生の実践は、相手意識や目的意識が明確な題材を用いて、授業を展開していることに特徴があります。児童は必要感をもって課題に向き合い、少々難しい課題にも粘り強く取り組んだと想像できます。また、難しい抽象化の考え方について、導入では物語を用いて分かりやすさを実感させ、終末では名簿作成の例を挙げコンピューターの世界とのつながりを見事に示しています。

- **大阪電気通信大学工学部教授　兼宗 進**

　現実世界のものごとをコンピューターで扱うためには、対象を抽象化して整理した上で、それをコンピューターで扱うデータの形で具体的に表現する必要があります。このようなモデル化の考え方は重要で、プログラムで扱う変数を定義するときや、データを表の形で保存するときの項目の定義などで利用されています。この授業では、物語の登場人物を特徴づける性質を検討した上で、それらを表す項目を扱っています。

第5学年　国語科　伝えたいことをしぼろう

第5学年 社会科

日本の気候の特色

清水　匠
茨城大学教育学部
附属小学校　教諭

教科目標	日本の各地域における気候の特色を捉え、人々のくらしと関連させながら、その理由を考える
育てたいプログラミングの考え方	条件に合わせて演算し、根拠をもって選択する「もし〜なら〜だから〜する」という考え方を理解する
対応するアクティビティ	7. ロボットたち れんしゅう16　作り出す力とプログラマーらしい考え方

単元構成「わたしたちの国土」		
第1次	国土の地形の特色	
第2次	低い土地のくらし	
第3次	国土の気候の特色	
	第1・2時	日本の四季と季節風
	第3時	日本の気候の特色（本時）
第4次	寒い土地のくらし	

実践の概要

　日本には、さまざまな気候の特色をもつ地域があり、その土地ならではの暮らしがある。本時は、条件にあった洋服を選ぶ活動を通して、各地域の気候の特色に迫りたいと考えた。各地域の気候を調べ、どんな洋服を選べばよいのか考えていくことを通して、各地域の人々の暮らしに目を向けていく。その中で、「もし〜なら〜だから〜をする」という条件分岐の考え方に触れ、私たちの周りにはたくさんの条件分岐にかかわるプログラムが存在していることに気付かせていく。

準備物・ワークシート

⬆条件分岐の考え方を図示したものをフォーマットとして掲示し、洋服を選択して当てはめていく。ルビィの洋服一覧は、ルビィのぼうけん特設サイトからダウンロード可能。

⬆日本地図上に選択する6都市の印を付け、視覚的に緯度の差が捉えられるようにする。この地図の周りに資料を掲示し、調べた特色を板書することで整理していく。

➡導入で用いた条件分岐の配色を使用し、同じ感覚で活動できるようにした。洋服は、一覧表から選んでも、自分で新しく作ってもよいとし、絵でも文章でもよいことにして、各自の実態に応じて学習できるようにした。

46

授業の流れ

本時の展開	指導上の留意点 ◉論理的思考にかかわる働きかけ
❶『ルビィのぼうけん』から本時の課題をつかむ。 (1)『ルビィのぼうけん』P.96を見て、条件に合ったルビィの服を考える。 ・海に行くなら、泳ぐから、水着を着ていこう ・そうでなければ、山に行くとして、登山靴だな	●書籍『ルビィのぼうけん』の物語と連動させて提示することで興味を引き、本時の内容に焦点化する。 ◉条件に合う服を選ぶ際、なぜそれを選んだのか根拠を考えることを大切にしていく。 ◉「そうでなければ」の場合は、条件以外の全てを含んでいることを捉え、自由な発想で考えたり、相手を否定することのないようにしたりする。
(2) 本時の課題をつかむ。 　2月に旅行に行くルビィのために、適した洋服を選んであげよう。 ・どんな気候の場所なのかによって服が変わるよ	●何を着ていくかは、それぞれの地域の気候（天気の傾向・気温や降水量の特徴）に大きく左右されることに目を向け、本時の活動を明確化していく。
❷日本の各地域における気候の特色を捉え、2月に友達と遊ぶ時に着る洋服をペアで考える。 (1) ペアになり、旅行に行きたい場所を伝え合い、相手が行きたい場所の気候の特色を調べる。 ・上越は冬の降水量が極端に多くて、雪が積もるね ・高松の気温は2月でも10度以下だね ・那覇は、一年中温かいのが特色だね	●各地域の代表的な都市として、帯広・上越・軽井沢・静岡・高松・那覇の6都市を取り上げることで、様々な気候区分を取り扱っていけるようにする。 ●ルビィの居住地を茨城県と設定し、そこと比べたり、他地域同士を比べたりして資料を見るよう助言し、各地域の特色に気付いていけるようにする。
(2) 選んだ場所に合った服装を教えてあげる。 ・軽井沢なら、この時期はまだ気温がかなり寒いから、コートを着ていったほうがいいよ	◉相手の行きたい場所を聞き、それに基づいて服を選んであげる活動を行うことで、条件に基づいて演算するコンピューターの思考を体験できるようにする。 ◉地域・時期という条件に合わせた服を、根拠をもって選択する条件分岐の考えを大切にするため、「そうでないとき」（命題が偽）については扱わない。
❸日本の気候の特色を整理する。 (1) 各地域ごとに、選んだ服とその根拠を整理する。	●日本地図と各地域のグラフを黒板に整理し、服を選んだ根拠を整理していくことで、それぞれの地域の気候の特色に迫っていく。
(2) なぜ同じ時期なのに服が異なるのか話し合う。 ・日本は縦に長いことが関わっているのかな ・季節風が影響していると思うよ	●前時までの学習を振り返り、日本にはどんな特徴的な地域があったか思い出させることで、季節風の影響などについて引き出していきたい。
❹分かったことをノートに記し、まとめとする。 ・人々の遊びや暮らしも天候によって変わるね ・条件に合わせて判断していくのがコンピューターの得意なことなんだね	◉本時の活動から「もし～なら～だから～を選択する」という条件分岐の考え方をおさえ、日常生活でも自然と行っている思考であり、お掃除ロボットなど身近なものにも使われていることを理解させたい。

第5学年　社会科　日本の気候の特色　**47**

授業のポイント

1 条件分岐の考え方を捉える、ルビィの洋服選び

条件分岐の「もし〜なら〜だから〜を選択する」という考え方を捉えるために、ルビィの洋服選びの手伝いをするという場面設定を行った。児童は、「もし海に行くなら、泳ぐから、水着をもっていこう」などと言いながら、楽しく洋服を選んでいた。「そうでなければ」の場合も含めて、根拠をもって選択する姿を価値付けていくために、なぜその服にするのか常に問いかけていくようにした。

1　もし海に行くなら泳ぐから水着を持っていき、そうでないなら、冬でスケートするから厚着をする。

2 行きたい場所を伝え合って洋服を教えてあげるペア活動

各地域に旅行に行くルビィのために洋服を選ぶ活動を行い、気候の特色を調べていく必然性を生み出した。また、旅行に行く場所はペアの友達に選んでもらい、その友達に洋服を教えるという活動とした。児童は、相手の選んだ都市の気候の特色を、多数の資料をもとに調べ、「雪が降る可能性があるね」「気温が20度近くあるから泳げるよ」などと言いながら、洋服を選択していった。

2　ルビィの旅行先の気候を調べれば、持っていく服を教えてあげることができる。

3 洋服を選ぶ活動から気候の特色へと迫る板書の工夫

全体で確認する場面では、洋服選びから各地域の気候の特色へと焦点を移していくために、児童の発言した気候の特色のみを板書していくこととした。日本地図を中心として、各地域の特色を整理していくことで、緯度と気候の関係や、季節風と降雪の関連などについて捉えていくことができた。また、洋服選びという日常生活の出来事から、各地域の暮らしにも目を向けていくことができる。

3　今までに学習した、日本の気候を特色づける様々な要因について、再度確認する。

授業実施における留意点

条件分岐は、日常生活の中で誰もが自然と使っている考え方である。雨が降りそうだから傘を持っていく、おなかが減ったからごはんを食べる。その中で、条件に基づいて根拠をもって選択する姿を大切にしてほしいと伝えていった。また、障害物を避けるお掃除ロボットやエアコンの温度設定など、私たちの周りにも条件分岐の考え方を用いた機械がたくさん使われていることに気付かせていった。

板書例

児童の振り返り

季節風によって気候の特色が変わり、それによって人が着るものも変わっていることがわかった。コンピューターは条件分岐をうまく使って動いていることがわかった。

コンピューターは「もし〜なら〜だから〜をする」のような条件分岐があらかじめプログラミングされているから、素早くできることがわかった。お掃除ロボットの仕組みがわかって、面白かった。

コンピューターは、命令をプログラムすれば、あとは勝手に動く。お掃除ロボットも、壁があったら止まれと命令してあるので、それでぶつからずに動いていることがわかった。

日本は、南北に細長く広がっているので、南の端と北の端の気候が全く違うことがわかった。今度旅行に行くときは、その場所の気候を考えて、持っていくものや洋服を決めようと思う。

● 専門家のコメント

- **茨城大学教育学部准教授　小林祐紀**

「条件分岐」の考え方を取り入れた清水先生の実践は、児童にとって楽しい活動を多く取り入れつつも、教科目標の達成のための配慮が随所に見られることに特徴があります。例えば、気候の特色について調べる活動に必然性を持たせたり、洋服選びから気候の特色へと児童の焦点を移す板書を行ったりしています。清水先生の実践は、プログラミング教育の場においてもこれまで私たちが積み重ねてきた実践的知識・技術の重要性を再認識できる実践といえます。

- **大阪電気通信大学工学部教授　兼宗 進**

プログラムで使われる真偽値は「Yes/No」を表し、分岐やループの判断に使われています。一方、現実世界では、「寒い地域／寒くない地域」のように基準が曖昧なことがあります。それをコンピューターで扱うときには、「気温は何度」といった連続した数値として扱うか、「寒い地域か、そうでない地域か」といった真偽値で扱うかなどを、用途によって判断します。この授業では、降水量や気温といった地域の気候の特徴を分析し、それらを真偽値を使って表現する学習を行っています。

第5学年　社会科　日本の気候の特色

| 第5学年 | 算数科 |

まとまりをみつけて

清水　匠
茨城大学教育学部
附属小学校　教諭

教科目標	まとまりを見つけることで数量の関係を捉え、それらを式に表して計算する
育てたいプログラミングの考え方	まとまりを見つけてループを設定することで、長く続く作業を簡単にプログラミングできることに気付く
対応するアクティビティ	5. 雪ひょうの家 れんしゅう11　パターンを見つける

単元構成「変わり方を調べよう」

第1時	まとまりをみつけて（本時）
第2時	まとまりを使って
第3時	立体の場合、練習問題

実践の概要

　雪ひょうの家の壁紙は、あるまとまりがループしてできている。そのまとまりを捉えて次の模様を予想する活動を生かして、算数の問題に取り組む。三角形の個数と必要な棒の数の関係性について、変わり方の規則性を捉えることで、立式することができることに気付いていった。その際、実際に手元で三角形をつくって考えるようにした。これらの体験から、まとまりを捉えてループを用いたプログラムを組むことで、コンピューターに仕事を任せることができることを感じ取らせた。

⤴ 準備物・ワークシート

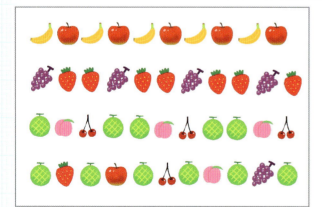

⬆数か所を画用紙で隠し、何が入るか予想することで、絵柄のまとまりからループの考え方を捉えていく。あえて、規則性がないものを入れても面白い。本実践では、より複雑にするために多数のフルーツの絵柄にしたが、『ルビィのぼうけん』P.87の雪ひょうの壁紙を使用するのもよい。

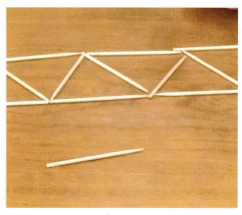

⬆どのように棒の本数が変わっていくのか、実際に机の上に三角形をつくりながら算数的活動が行えるように、全員に楊枝を配付する。安全上の観点から、マッチ棒ではなく楊枝とした。

授業の流れ

本時の展開	指導上の留意点 ◎論理的思考にかかわる働きかけ
1 『ルビィのぼうけん』をもとに本時の課題をつかむ。 (1)『ルビィのぼうけん』P.87 を見て、欠けている図柄を予想する。 ・りんご、宝石、宝石の順番が繰り返されているね ・まとまりを探せば、次が予想できるよ	●書籍『ルビィのぼうけん』の物語と連動させて提示することで、興味を引き、本時の内容に焦点化していく。 ◎ただやみくもに予想するのではなく、まとまりを捉えて規則性を見つけ出すことで、容易に予想することができることを実感させ、まとまりを捉える良さに気付かせていく。
(2) 本時の問題を捉える。 マッチ棒を使って正三角形を横にならべます。正三角形を10個ならべるとき、マッチ棒は、何本使うでしょう。 ・10までずっと求めていくのは大変だ ・規則性を探せば値を予想できるんじゃないかな	●実際に黒板やノートで、2個の場合、3個の場合と図示していくことで、10個やそれ以上の個数を求めるには時間がかかることを感じ取らせる。
(3) 本時の課題をつかむ。 規則性を見つけて、簡単に本数を求めよう。	●導入でのアクティビティを想起させ、本時の問題を解くためのポイントである「まとまりを見つける」ことに焦点化していく。
2 個数と本数の関係を表にして、規則性を導き出す。 | 個 | 1 | 2 | 3 | 4 | … | 10 | |---|---|---|---|---|---|---| | 本 | 3 | 5 | 7 | 9 | … | | 　　　+2　+2　+2 ・2ずつ増えていく規則性があるよ ・何回2を足したかは、かけ算で表せるね ・最初の1本をそれに足せばいいんだ	●全員に10本の楊枝を配り、実際に手で触れて図形を見ながら算数的活動を行えるようにする。 ●考えが進まない児童には、1つずつ三角形を増やす動作に注目するよう声掛けすることで、2本ずつ増やす規則性に気付けるようにする。 ●10個つくるには何本使うのかという本数を求めると同時に、なぜそのように求められるのか問うていくことで、10個以外の場合でも計算できる汎用性のある方法を考えさせていく。
3 本時のまとめを行う。 (1) 本数を求める式を導き出し、まとめとする。 ・使用本数＝1＋(2×三角形の個数)	●式に表すことで、どんな場合でも答えを求めることができる良さに気付かせていきたい。
(2) 適用問題を解く。 ・15個の場合は31本、80個の場合は161本	◎適用問題では、友達に個数を設定してもらい、それに基づき本数を算出する形で行い、プログラマーとコンピューターの関係を体験できるようにする。
(3) 振り返りをノートに記入する。 ・まとまりを探して規則性を見つけると、どんなに大きい値でも予想ができるんだね ・まとまりを見つけると、たくさん命令しなくても、コンピューターを動かすことができるんだね	◎まとまりを見つけることで複雑なプログラムでも簡単に組むことができ、コンピューターに仕事を任せることができること（工場の作業工程など）に気付かせていきたい。

第5学年　算数科　まとまりをみつけて

授業のポイント

1 ループの考え方と算数の問題をつなぐ導入

　授業の導入場面に、雪ひょうの家の壁紙として、ある模様のまとまりが規則的に繰り返されている絵を提示した。そして、数か所をふせんで隠し、その模様を予想する活動を行った。児童は、「2つの模様が繰り返されているから、次はたぶんこの模様だと思う」などと言いながら、まとまりを見つけることで規則性が見えてきて、先が予想できることを感覚的に捉えていくことができた。

1　規則的に並んだ模様の数か所をふせんで隠し、まとまりを捉えることでその模様を予想する。

2 実際に三角形をつくっていく算数的活動から立式する

　全員に楊枝を配り、手元で実際に三角形をつくる算数的活動を取り入れた。はじめは完成形の三角形を見つめて考える児童が多かったが、実際に1個ずつつくっていく動作を大切にするよう声を掛けると、楊枝を操作していく中で、三角形を増やすたびに2本加えていることに自然と気付いていくことができた。そして、その感覚をもとにすることで、容易に立式につなげていくことができた。

2　楊枝を並べて三角形をつくっていき、2本ずつ増やしていることに気付いていく。

3 プログラマーとコンピューターの関係を体験する適用問題

　適用問題では、ペアの友達が三角形の個数を指定し、その命令に従って、必要な本数を計算して相手に教えるという活動を取り入れた。命令を出すプログラマーと、正確に計算して答えを算出するコンピューターの関係性を疑似体験できるようにした。児童は、あえて難しい命令を出したり、相手の命令に苦戦したりしながら、楽しみながら適用問題に取り組み、本時の学習内容を確実なものにしていった。

3　つくる三角形の個数を友達に命令してもらい、必要なマッチ棒の本数を計算して教えてあげる。

授業実施における留意点

　日常生活の中で多様に存在しているループ。その裏には、人間が的確にプログラムを組み、それに基づいて機械が正確に仕事をしていることに目を向けていきたい。本時では、身近な信号機や工場の工程の例をもとに、もし人間が動かしていたら順番が入れ替わってしまう危険性もあるが、プログラムにループを組み込めば、簡単にコンピューターに任せることができることを伝え、その良さを感じ取らせていった。

板書例

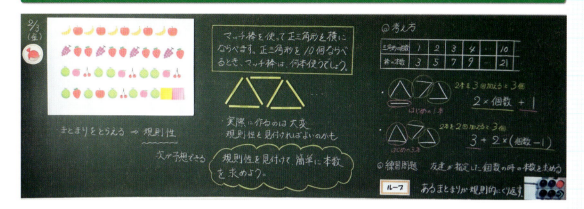

児童の振り返り

規則性を見つければ、次の数が何か求めることができ、自力で計算しなくてもよいから便利。コンピューターはこういうループなどをきちんと規定することで、人間にはできないことができる。	たとえ1億個の三角形の辺の数はという問題でも、規則がわかればすぐにできることがわかった。コンピューターは人間とは違い、人間が苦手な繰り返しの作業なども、正確にできることがわかった。
コンピューターは、すぐに答えを出せるけれど、正確に出すためには、人がプログラムを入力しないといけない。コンピューターは人間がちゃんと指定すれば人間以上の力を出せるけど、入力した人もすごいと思う。	信号にも規則性があったということに改めて気づいた。青→黄→赤→青という規則性があるから、今の人間の安全を守るものになっているんだと思う。ループのおかげ。

専門家のコメント

- **茨城大学教育学部准教授　小林祐紀**

「パターンを見つける」の考え方を取り入れた清水先生の実践は、容易に見つけられる絵柄の例を導入に用いて、児童に学習の見通しを持たせていることに特徴があります。また、適用問題では個別に問題に取り組むのではなく、ペアでプログラマー役とコンピューター役に分かれて仮想的なプログラミングを体験しています。このような体験と教師からの説明の両方を行うことは、児童のプログラミングに対する理解の深まりや関心の広がりに効果的だといえます。

- **大阪電気通信大学工学部教授　兼宗 進**

プログラムのループでは、複数の命令を繰り返すことができます。ループに「A, B, C」という3個の命令が含まれているときは、ループは「A, B, C, A, B, C, …」のように3つの命令を順に何度も繰り返して実行します。この授業では、棒を並べていく作業を行うことで、手を動かしてプログラミングのループの概念を学びながら、数式を発見する算数の学習につなげています。

第5学年　算数科　まとまりをみつけて

第5学年　学級活動

真偽クイズで個性発見！

清水　匠
茨城大学教育学部
附属小学校　教諭

教科目標	（2）ウ 望ましい人間関係の形成 友達の良さを理解し、すすんで関わろうとする
育てたいプログラミングの考え方	命題に対して、真偽という単純な答えを重ねることで、情報を整理していくことができることに気付く
対応するアクティビティ	2. なぞのヒント れんしゅう6　真偽（本当とまちがい）

単元構成「友達の良さを感じて」	
第1時	真偽クイズで個性発見！（本時）
第2時	読み物資料 「思いもよらぬできごと」

実践の概要

児童が行うレクリエーションの中に「私は誰でしょうゲーム」というものがある。「私は～です。」というヒントをもとに、誰のことを言っているのか当てる遊びである。これをもとに、「私は～だ。正しい（間違い）。」という真偽の積み重ねで、誰のことを表しているのか当てる「真偽クイズ」を考案した。いくつかの質問に対して、真・偽という言葉だけで回答していくことで、誰のことを表しているのかが判別できる体験を踏まえて、コンピューターも真偽（0か1か）で物事を判断していることに目を向けていく実践である。

準備物・ワークシート

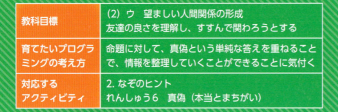

↑誰のことを題材にしてクイズをつくるのかを決めるくじ引き。丸を引いた人の個性・良いところを探して、クイズにする。

↑班対抗でクイズをつくるためのワークシート。答えとなる人の個性・良さを書いていくが、すべて「正しい」では面白くないので、「間違い」の命題も織り交ぜていくとよい。

授業の流れ

本時の展開	指導上の留意点 ◉論理的思考にかかわる働きかけ
1 『ルビィのぼうけん』から本時の課題をつかむ。 (1)『ルビィのぼうけん』P.77の3人に関する真偽クイズを行う。 ・目が赤いのが真なら、このキャラクターだね ・緑の体が偽なら、この子は違うね ・「かつ」は、両方当てはまることを言うんだね	●書籍『ルビィのぼうけん』の物語と連動させて提示することで、興味を引き、本時の内容に焦点化していく。 ◉真偽の情報を重ねていくだけで、条件が絞られて、対象に素早く導くことができることを実感できるようにする。 ◉「かつ」や「または」などの用語を解説し、条件設定の方法について理解できるようにする。
(2) 本時の課題をつかむ。 ・クラスの仲間でも同じことができないかな 仲間の個性を見つけて真偽クイズをつくり、誰のことなのか当て合おう。	●クラスの仲間に対する関心や理解を深めていくことを通して、クラスでの生活をよりよくしていけることに気付かせ、活動への思いを高めていく。
2 グループ対抗で真偽クイズを行う。 (1) 答えとなる人を1人選び、真偽クイズを作る。 ・○○さんは、読書家なことで有名だよね ・偽の問題も入れないと面白くないね ・「かつ」を使うと、2つの条件を入れられるよ	●なるべく少ない質問で正解に辿り着けるようにするというルールを設定し、一番の個性を探していくことで、良さを認め合う姿を引き出していく。 ●相手が嫌がることは絶対に取り上げないことを徹底し、活動の雰囲気づくりに留意する。
(2) 各グループからクイズを出し合う。 ・「ゲームが好きだ＝真」 ・「メガネをかけている＝偽」など	●ルールを全体で確認し、なるべく少ない質問で答えに辿り着けるようにという意識をもって活動できるように声かけしていく。
3 クラス全体で真偽クイズを行う。 ・座席の列ごとに教室の後ろに移動し、くじを引いて答えとなる人を決める ・解答者が出題者に対して命題を提示する ・見えない場所に立っている本人が、ジェスチャーで真偽を回答し、出題者が代弁する ・3回質問する間に答えられなければ終了	●最初は教員が出題者となり手本を示し、慣れたところで、児童を出題者にすることで、自分たちで活動を進められるようにし、クラスの一体感を感じ取らせていく。 ◉集合体の特徴を把握し、それに合わせて条件を絞っていく命題を出すことがポイントであることに気付かせていきたい。
4 振り返りを記入し、本時のまとめを行う。 ・2つの質問で、友達を特定できたのには驚いた	◉真偽（0か1か）という2つの区別でしか情報を取り扱えないコンピューターの性質に気付かせたい。また「すごく足が速い」などの曖昧な命題では力を発揮できないため、プログラマーは真か偽かで答えられるような命題をつくっていく必要があることにも目を向けていく。

授業のポイント

1 真偽と条件設定にかかわる用語の意味に触れる導入

今までに経験したことのある「私は誰でしょうクイズ」になぞらえ、「私は〜である。正しい（間違い）。」という型で人物を特定するクイズを行った。その中で、「かつ」「または」の条件設定にかかわる用語の意味をおさえていった。児童は、1文の中に2つの条件を設定することができることを感じ取りながら、命題の後の真偽をよく聞き取ることの大切さにも気付いていった。

1 キャラクターの特徴を表す命題とその真偽を伝え、どのキャラクターのことなのか考える。

2 友達の個性を見つめるクイズ活動

生活班の中から1人を決め、その友達の個性をみつけて真偽を伝えるクイズをつくった。少ない命題で正解してもらえるようにするというルールで行ったことで、みんなが知っている一番の良さは何かと考え合うことができた。自分の良さをたくさん提案してくれる友達の存在を感じる姿、相手が嫌がらないようにと配慮しながら良さを提案していく姿などが生まれ、教室中が温かい雰囲気になった。

2 友達の一番の良さは何かを相談しながら真偽クイズをつくる。

3 真偽によって条件が絞られていくことの体感

次にクラス全員でクイズを行った。みんながその場で考えた命題に対して、答えとなる人は教室の後ろで見えないように真偽を回答し、教室の前にいる人が代弁する。はじめは適当な命題を提示していたが、徐々に対象となる集団の特徴を捉え、「足が速い人が2人いるから、そこで絞ろう」などと、どのように命題を出したら効率的に正解へと絞っていけるか考えながら、クイズに挑戦するようになった。

3 答えとなる人は、教室の後ろの見えない位置に立ち、前の人に真偽の回答をこっそり送る。

授業実施における留意点

「かつ」「または」などの条件設定にかかわる用語を活用し、論理演算の言葉に触れながら、2つの内容が盛り込まれた複雑で面白みのあるクイズを楽しむことができた。また、「真・偽」という2つの言葉でしか回答していなくても、答えが絞られていく感覚をもとに、コンピューターも真偽（0・1）という2つの言葉で全ての作業を行っていることに気付かせていった。

板書例

児童の振り返り

真偽クイズをやって、いろいろな人の良さや、その人の個性を知ることができた。また、コンピューターも同じように、真と偽を積み重ねて答えを出していると思うと、すごいなと感じた。

仲間の個性を探して問題を出したり答えたりして、「この人にはこんな個性があったのか」と新しく気づくことが多かった。コンピューターも私たちと同じように真と偽で動いているのが面白いと思う。

真偽クイズをやる人が多い時には、まず大まかな質問をすると、多くの人が答えから外れていく。少なくなってきたら、的を絞った個性について質問すれば、答えにたどり着きやすいと思う。

コンピューターはマルかバツかで、効率的に判断を行っていることがわかった。それを何度も繰り返すことで、計算しているのだなと感じた。

専門家のコメント

- 茨城大学教育学部准教授　小林祐紀

「真偽（本当とまちがい）」の考え方を取り入れた清水先生の実践は、真偽クイズを考案し、楽しい活動を通して目標達成を目指していることに特徴があります。また、楽しい活動にするためにくじ引きでクイズの対象者を決めたり、ルールを設定したりして、1人1人の良さが認め合えるような種々の手立てを行っています。児童が安心して思わず参加したくなる手立てと、終末に見られる教師の分かりやすい説明の重要性を示す実践といえます。

- 大阪電気通信大学工学部教授　兼宗 進

「メガネをかけている/かけていない」のような「Yes/No」で表せる条件を組み合わせると、2個の条件で4通り、3個の条件で8通りを区別することができます。5人を区別するためには、個人を区別するための質問が3回以上必要です。この授業では、できるだけ少ない回数で個人を区別できるように適切な質問を考えさせることで、1回の質問で得られる情報量を意識させる学習を行っています。

第6学年　外国語活動

Go straight ！

清水　匠
茨城大学教育学部
附属小学校　教諭

教科目標	Turn right、Turn left、Go straightの表現に慣れ親しむ
育てたいプログラミングの考え方	記号で行動命令を配列し、同じ命令をまとまりとすることで、繰り返しを用いてアルゴリズムをつくる
対応するアクティビティ	3. ルビィの計画　れんしゅう8　アルゴリズムとシーケンス

単元構成「Go straight ！」
第1時　道順を伝える表現（本時）

実践の概要

多くの児童は、ゲームでキャラクターを動かす経験をしている。自分の動かしたい方向に行くようにボタンを操作し、キャラクターを導いていく。そのような生活経験をもとに、本実践では、外国の方に道順を教える英語表現とアルゴリズムをかかわらせて授業を行った。方向を示す3つの英語表現を覚え、友達に英語で指示を出して目的地まで導いていく体験をする。その後、どのように指示を出したのか記号で命令を配列することで、アルゴリズムの考え方を理解させていった。

準備物・ワークシート

⬆平面上だと「上下左右」になってしまうので、「Turn」の概念を導き出すために、ルビィを自作の地図上で立体のコマにして動かした。土台はダブルクリップを使用。

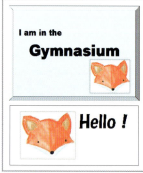

⬆校舎内を歩いて回る際のゴール地点をくじ引きで選ばせた。また、実際にゴール地点にキャラクターの貼り紙を置いておくことで、楽しみながら会いに行く感覚をつくった。

➡ルビィに英語で教えてあげるという場面設定を用いて、英語で表現する必然性を生み出した。また、アルゴリズムとして命令を配列する中で、同じ命令が続く場合には、まとめることができることも指導した。

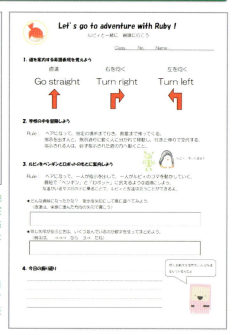

授業の流れ

本時の展開	指導上の留意点 ◉論理的思考にかかわる働きかけ
❶ 『ルビィのぼうけん』から 本時の課題をつかむ。 (1) 『ルビィのぼうけん』P.20・21を見て、どのルートを選べば、最短でペンギンとロボットに会えるか考える。 ・橋があるから、そこを通るしかない ・ペンギンに先にあったほうがよい ・ロボットには、直線で移動したほうが最短だね	● 書籍『ルビィのぼうけん』の物語と連動させて提示することで、興味を引き、本時の内容に焦点化していく。 ◉ 直線で進むことが一番早いことに気付かせる中で、P.80のマス目のある地図を提示し、「直進」「右折」「左折」の指示で構成されていることを理解させていく。
(2) 本時の課題をつかむ。 最短でゴールに着く道順を探して、英語で指示を出そう。	◉ 最短で進むことに意義を見出させ、効率的に指示していくことの大切さを感じ取らせる。
❷ 「直進」「右を向く」「左を向く」の 英語表現に親しむ。 (1) 英語表現を知り、発音練習をする。 ・直進は Go straight ・右を向くは Turn right ・左を向くは Turn left	● それぞれの意味が分かるように、黒板に矢印を掲示し、理解を促す。 ◉ 記号で指示を表示することで、アルゴリズムの意味を理解していけるようにする。
(2) 教室から指定された場所まで、ペアになって命令しながら進んでいく。 ・ペアで命令し合って進む ・最短で進めるように指示を出す ・行きと帰りで命令する人、される人を交換	● ペアになって相手に指示を出して動かす体験を通して、自然に英語を発音していく場をつくり出す。 ● 目的地をカードで選択させ、別々の場所に行くことで、複数の班が同時に活動できるようにする。 ◉ 自分の命令で相手が実際に動いていく感覚をつかませ、具体的な指示を出さなければ目的が達成されないことも理解できるようにする。
❸ 本時のまとめを行う。 (1) ルビィがペンギンとロボットに最短で会えるよう、平面上のコマを動かしながら指示する。 (2) 指示したことを、矢印で一列に示したり、同じ指示をまとめたりしながら、コンピューターの思考を体験する。 (3) 本時の感想をワークシートに書き、本時のまとめとする。	◉ Go straightをそれぞれ直進した方向の矢印に置き換えたり、進むマス目の個数を指示したりすることで、コンピューターは正確にその分だけ動くことを伝え、アルゴリズムとしてまとめていく。 ● 教師からも指示を出して、ルビィが誰に会うための指示か問いかけることで、定着化を図る。

第6学年　外国語活動　Go straight！　**59**

授業のポイント

1 コンピューターとのかかわりを意識させる導入

画面上のキャラクターを動かすゲームの感覚を想起させ、「Go straight」「Turn right」「Turn left」の3つの指示で、コマを目的地まで動かしていく導入を実施した。その中で、最短距離で移動する必要性があること、1つの指示で1つの動きとなることなどに気付いていった。コンピューターの特性や、アルゴリズムを形成する上での基本的な枠組みを捉えることができた。

1 みんなでルビィが友達に会いに行けるように、英語で道順を教えてあげる。

2 自ら指示を出して相手を動かす体験活動

校内に目的地を設定して、ペアで相手に指示をだして目的地まで連れていく体験活動を行った。障害物にぶつかってしまったり、どのくらい進めばいいのか分からなかったりと、正確な指示を出す大切さに気付きながら、指示を出されるコンピューターの感覚も楽しんでいるようだった。また、自ら「Stop」「Dash」などの表現も自然と活用し、英語に親しむ姿も生まれていった。

2 友達に英語で指示を出し動かしていくが、自分の意思に反して障害物にぶつかってしまうことも。

3 体験をもとにして自分でアルゴリズムをつくるまとめ

ワークシートに書かれた地図の上で、キャラクターのコマを動かす活動を行い、本時のまとめとした。どのように指示を出したか矢印で記述し、それらを一列に並べさせて指示の配列を感じ取らせた。また、同じ矢印をまとめて「3⇒」と表記させ、自分でアルゴリズムをつくる活動を行った。短い指示でキャラクターを正確に目的地まで動かすことができるアルゴリズムの良さに気付いていった。

3 目的地にたどり着くための命令の配列を、アルゴリズムとしてまとめていく。

授業実施における留意点

実際に教室の外に出て、指示を出す人とキャラクターとに分かれて目的地まで導く活動は、プログラマーとコンピューターの関係性そのものである。明確で正しい指示を出すことの大切さを感じ取ることができた。また、教室でも平面上でキャラクターを動かすことで、命令の配列を理解することができた。これら2つの実体験から、アルゴリズムの考え方に迫ることで、プログラミングの考え方にもとづいた論理的思考の育成を目指した。

板書例

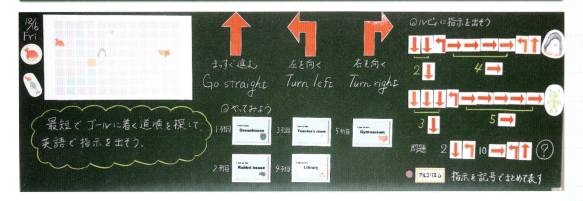

児童の振り返り

指示を出す人は、どんな風に動かしたらいいのかを考えながら指示を出すのが面白いなと思った。コンピューターにそのことを組み込む人はすごいと思う。	相手が行き過ぎてしまったり、届かなかったりして、コンピューターには正確で細かい指示を出さないと、自分が思う場所には行ってくれないことがわかった。
これで、外国の方に道を聞かれても、答えられるようになったと思う。コンピューターに指示をだすときも、行き方がわからないのだから、ちゃんと指示をしないといけないなと思った。	コンピューターや人に指示するには、なんとなくではだめだから、ちゃんと指示したいときには、三歩進んでと数字と合わせて言うほうが楽だと思いました。

💬 専門家のコメント

- **茨城大学教育学部准教授　小林祐紀**

「アルゴリズム」の考え方を取り入れた清水先生の実践は、児童の思考に沿って学習活動を展開していることに特徴があります。導入では興味関心を高め、必要な3つの指示を理解させています。だからこそ必要感を伴った英語表現の練習となり、そして表現を活用するペア学習へとつながっていきます。終末ではアルゴリズムづくりを行い、その良さに気付かせています。プログラミング教育においても、授業デザインの重要性を示す実践といえます。

- **大阪電気通信大学工学部教授　兼宗 進**

ドリトルなどの教育用のプログラミング言語では、「3歩 歩く」「90度 右回り」のような命令を組み合わせ、移動する際に線を引くことで画面に絵を描く形のタートルグラフィックスを採用しています。このような学習では、プログラムが間違っていると違う場所に行ってしまうことから、プログラムの正誤を自分たちで判断できます。この授業では、「→」「3↑」のような単純な命令を組み合わせてロボットなどの移動を扱う学習を行っています。

第6学年　外国語活動　Go straight！

『ルビィのぼうけん』を知る先生たちのメッセージ

福田 晴一　杉並区立天沼小学校 校長

　2020年までに1人1台端末の整備を掲げていますが、現実は厳しい限りです。『ルビィのぼうけん』はインフラが整わずとも、一連の行動を分解して看取るなど論理的思考の基礎を、低学年でも楽しく取り組むことができます。アクティビティ「ダンス、ダンス、ダンス！」は体育の準備運動等に組み込むことで自らの身体行動に着目することができ、自らの学校生活を自然と見直したり改善したりするよい機会になり得ます。プログラミングで自らの行動を制御することは、人にしかできないことでもあると思います。

松田 孝　小金井市立前原小学校 校長

　ずっと低学年でのプログラミング授業の可能性を探っていた時に『ルビィのぼうけん』に出会いました。絵本の読み聞かせを終えて、そこに紹介されているアクティビティを実施すれば、子どもたちはルビィと共体験しているかのように課題にのめり込んでいきます。ループや場合分けのアルゴリズムやデバッグの体感はコンピュテーショナルシンキングの原体験となっていくのでしょう。こんな素敵な力を学校現場で育もうとする意欲的な1冊が本書です。本書と一緒に、21世紀を切り拓く子どもたちの笑顔を創り出しませんか。

平井 聡一郎　古河市教育委員会

　次期学習指導要領では、プログラミングを小学校現場にいかにスムーズに落としこめるかが肝になると考えています。しかし、各市町村におけるICT機器整備状況の格差、教員のプログラミング指導力の差は大きいのが現状です。そこで、『ルビィのぼうけん』の活用によるコンピューターを使わないプログラミングが、低学年からの無理のないプログラミング体験につながるとともに、整備状況の差、指導力の差という障害を乗り越える可能性を示してくれるのではないかと期待しています。

品川区立日野学園
館野 峻　主任教諭

　プログラミングは、私自身も含め、多くの現場の先生にとって馴染みのない世界。それを、子どもたちに価値のあるものとして、どのような形で伝えていけるのかを模索し、翔泳社さんのご協力のもと、1年生88名とその保護者に向けて、2時間の授業を行いました。「ルビィのぼうけん」は、パソコンやプログラミングを身近に感じることができる教材であるとともに、低学年の児童にとって、遊びと学びの中間にある楽しいアクティビティがいっぱいです。

一般社団法人みんなのコード 代表理事
利根川 裕太

　みんなのコードは、2つ目の教材として『ルビィのぼうけん』を題材とした授業・ワークショップを実施しています。「プログラミングが出来る人を増やす」ことにミッションを置いたサービス・製品は数多くありますが、「プログラミングの最初の体験をする人を増やす」ことにメインの目的をおいているものは少ないと感じています。プログラミングの人材層を厚くするために、どれだけ裾野を広げられるか『ルビィのぼうけん』を上手く活用してのチャレンジを今後も続けていきたいと思います。

編著・監修

小林 祐紀（こばやし ゆうき）　茨城大学教育学部 准教授

三重県出身、金沢市内の公立小学校勤務を経て、2015年から現職。専門は、教育工学、情報教育、ICTを活用した実践研究。現場の教師時代は、子どもたちが対話的コミュニケーションを通じて学び合う授業を目指し、ICT（タブレット端末）やホワイトボードなどを積極的に活用する授業を行っていた。現在は、整備が進むタブレット端末の有効活用と子どもたちの学びについての実践研究を行っている。教師、指導主事、企業人、大学教員が学び合う茨城県教育工学研究会を主宰。

兼宗 進（かねむね すすむ）　大阪電気通信大学工学部 教授

民間企業、一橋大学准教授を経て、2009年から現職。専門はプログラミング言語、データベース、情報科学教育。文部科学省の情報教育や小学校プログラミング関係の委員を歴任。教育用プログラミング言語「ドリトル」の開発や、コンピューターサイエンスアンプラグドの実践などを通して情報科学教育を研究している。

実践者／指導案執筆

清水 匠（しみず たくみ）　茨城大学教育学部附属小学校 教諭

茨城大学教育学部卒業、鳴門教育大学大学院学校教育研究科修了。茨城県の公立中学校勤務を経て現職。専門は音楽科教育で、全国組織の学会理事を務める傍ら、県内でも勉強会を実施するなど、県内音楽科教員のネットワーク構築を目指す。また、校内ICT担当として、使用ありきではない「ねらい達成のための手立てとしての活用」をモットーに日々研究中。子どもたちと共に音楽を奏でることが、一番の楽しみ。

坂入 優花（さかいり ゆか）　茨城県古河市立駒込小学校 教諭

茨城大学教育学部卒業後、現職。専門は国語科教育。平成27年度から古河市ICTエバンジェリストとして、授業や研修を通して、タブレット端末等のICT機器を効果的に活用し、子どもたちの学びを深める授業づくりを目指している。現在、校内では音楽科主任として、子どもが主体的に活動するために有効な手立てとなるICT活用を日々研究・実践している。

藤原 晴佳（ふじわら はるか）　茨城県古河市立大和田小学校 教諭

聖徳大学人文学部児童学科を卒業。プログラミング教育実証校として指定され、昨年度より研究の取り組みを行っている。プログラミングやICTを教科の中で効果的に活用し、子どもたちの思考が深まる授業を目標としている。NHKや朝日新聞デジタル「はなまる先生」にも取り上げられた。

コンピュータープログラムに関係する用語

アルゴリズム

コンピューターや数学の世界で、問題を解くための公式のような手順をアルゴリズムといいます。アルゴリズムは問題を解くための考え方です。コンピューターではそれをプログラムとして表現します。

シーケンス（順序）

コンピューターはプログラムに書かれた命令を1つずつ順番に実行します。この順序をシーケンスといいます。

条件分岐（じょうけんぶんき）

プログラムは、基本的には記述した順番に沿って実行されます。その途中で条件によって実行する処理を分けたい場合があります。それを条件分岐といいます。

真偽値（しんぎち）

ある質問に対して、それが合っている（真）か、違う（偽）かを表す値を真偽値や真理値といいます。条件分岐の条件や、ループの終了条件などで使われます。論理積（AND）や論理和（OR）などで組み合わせて使うことができます。

タートルグラフィックス

タートル（亀）を命令で動かし、動いた軌跡で画面や紙に絵を描きます。シーモア・パパートが1970年頃にLOGOという子ども向けのプログラミング言語で実現しました。現在でもスクラッチやドリトルなどの教育用言語で利用されています。

デバッグ

コンピューターはプログラムのとおりに動くため、プログラムが間違っていると間違った動作をしてしまいます。プログラムの間違いの原因をバグといいます。プログラムからバグを探すデバッグはプログラム開発の重要な作業です。

プログラム

コンピューターが理解できる言語で書かれた、コンピューターに対する指示。

変数（へんすう）

プログラムの中で、値に名前を付けたものを変数といいます。変数には数を扱う数値型の変数や、文字を扱う文字列型の変数などがあります。

Ruby（ルビィ）

まつもとゆきひろ氏によって開発され、1995年に発表されたプログラミング言語です。Rubyはオブジェクト指向という考え方でプログラムを簡潔に表現することができ、多くのインターネットサイトの開発などで利用されています。

ループ（繰り返し）

処理を繰り返して行うことをループや反復といいます。ループを使うことで、計算を何万回も繰り返して円周率を計算したり、大量の文書の中を1文字ずつ繰り返して見ることで用語を検索したりすることができます。

翔泳社 2020年小学校での必修化にむけて プログラミング教育 関連書

翔泳社ではプログラミングを楽しく学べる書籍を刊行しています。

ルビィのぼうけん

リンダ・リウカス 著／鳥井雪 訳

対象年齢5歳くらい～

ルビィのぼうけん
こんにちは！ プログラミング

定価 本体 1,800 円＋税　ISBN978-4-7981-4349-1
●B5変型判上製／114ページ

ルビィは大きな想像力を持つ女の子。ルビィの世界では考えたものがなんでも実現します。ある日、ルビィはパパからの手紙を見つけました――。ルビィと一緒に宝石集めのぼうけんをしながら、プログラミング的思考を育める知育絵本。

ルビィのぼうけん特設サイト
http://www.shoeisha.co.jp/book/rubynobouken/

続編が登場！ 今度のぼうけんはコンピューターの中！

ルビィのぼうけん
コンピューターの国のルビィ

定価 本体 1,800 円＋税　ISBN 978-4-7981-3877-0
●B5変型判上製／88ページ

ある日、ルビィはお父さんのパソコンのマウスポインターが動かないことを発見します。相棒のマウスとともに飛び込んだのはコンピューターの中の世界。きらきら明滅するビットたち、命令ばかりするCPUなどいろんな住人に出会いながらルビィはマウスポインターを探します――。親子で楽しくコンピューターのしくみに触れる知育絵本。

ぼうけんキッズ　親子で学べるプログラミング入門書

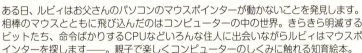

親子で楽しく学ぶ！ マインクラフトプログラミング

定価 本体 1,800 円＋税
ISBN 978-4-7981-4911-0
●B5判／152ページ

[対象年齢 6歳～12歳]

「Minecraft（マインクラフト）」に教育現場向けの機能を加えた「MinecraftEdu」を使って、親子で楽しく遊びながら「論理的思考力」を養えます。

ビスケットであそぼう
園児・小学生からはじめるプログラミング

定価 本体 1,800 円＋税
ISBN 978-4-7981-4305-7
●B5判／140ページ

[対象年齢 4歳～大人]

絵を描いてプログラミングできる、ビジュアルプログラミング言語「ビスケット（Viscuit）」でプログラムを作ることで、子どもたち自らが考え、創造し、伝える力を育めます。

書籍の刊行、イベントなどプログラミング教育に関する情報をお知らせします！

[お問い合わせ先] info_kids@shoeisha.co.jp

ご登録ください！

本書をお買い上げの方に、購入特典として本書で取り上げた実践授業の指導案をダウンロード提供しています。以下のサイトをご覧ください。

●本書キャンペーンサイト
https://www.shoeisha.co.jp/book/rubynobouken/school

●ルビィのぼうけん特設サイト
https://www.shoeisha.co.jp/book/rubynobouken/

コンピューターを使わない小学校プログラミング教育
"ルビィのぼうけん"で育む論理的思考

2017年3月31日　初版第1刷発行
2019年10月25日　初版第4刷発行

編著・監修　小林 祐紀（こばやし ゆうき）
　　　　　　兼宗 進（かねむね すすむ）
発　行　人　佐々木 幹夫
発　行　所　株式会社 翔泳社（https://www.shoeisha.co.jp）
印刷・製本　株式会社 廣済堂

リンダ・リウカスからのメッセージ翻訳　　　鳥井 雪
カバー　　　　　　　　　　　　　　　　　森デザイン室／森裕昌
誌面デザイン／DTP　　　　　　　　　　　株式会社シンクス

©2017 Yuuki Kobayashi / Susumu Kanemune
● 本書は著作権法上の保護を受けています。本書の一部または全部について、株式会社翔泳社から文書による許諾を得ずに、いかなる方法においても無断で複写、複製することは禁じられています。
● 本書へのお問い合わせについては、下記の内容をお読みください。
● 落丁・乱丁本はお取り替えいたします。03-5362-3705までご連絡ください。

ISBN978-4-7981-5261-5　　　　　　　　　　　　　　　　　　　　　　　　Printed in Japan

citations from HELLO RUBY by Linda Liukas
"Copyright © 2015 by Linda Liukas."

used with permissions from Hello Ruby Oy c/o Foundry Literary + Media, New York, through Tuttle-Mori Agency,Inc., Tokyo

---

本書内容に関するお問い合わせについて

本書に関するご質問、正誤表については下記のWebサイトをご参照ください。
電話でのご質問は、お受けしておりません。

正誤表　　　●https://www.shoeisha.co.jp/book/errata/
刊行物Q&A　●https://www.shoeisha.co.jp/book/qa/

インターネットをご利用でない場合は、FAXまたは郵便にて、下記にお問い合わせください。

送付先住所　〒160-0006　東京都新宿区舟町5
（株）翔泳社 愛読者サービスセンター　　FAX番号：03-5362-3818

ご質問に際してのご注意

本書の対象を越えるもの、記述個所を特定されないもの、また読者固有の環境に起因するご質問等にはお答えできませんので、あらかじめご了承ください。

※本書に記載されたURL等は予告なく変更される場合があります。
※本書の出版にあたっては正確な記述につとめましたが、著者や出版社などのいずれも、本書の内容に対してなんらかの保証をするものではなく、内容に基づくいかなる結果に関してもいっさいの責任を負いません。